国家出版基金项目
NATIONAL PUBLICATION FOUNDATION

[青少年太空探索科普丛书·第 2 辑]

SCIENCE SERIES IN SPACE EXPLORATION FOR TEENAGERS

太空探索再出发 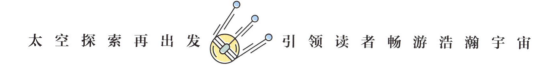 引领读者畅游浩瀚宇宙

现代战争与空间天气

焦维新○著

辽宁人民出版社 ｜ 辽宁电子出版社

图书在版编目（CIP）数据

现代战争与空间天气 / 焦维新著 . —沈阳：辽宁
人民出版社，2021.6（2022.1 重印）
（青少年太空探索科普丛书 . 第 2 辑）
ISBN 978-7-205-10188-6

Ⅰ . ①现… Ⅱ . ①焦… Ⅲ . ①现代化战争—关系—天
气学—青少年读物 Ⅳ . ① E866-49 ② P44-44

中国版本图书馆 CIP 数据核字（2021）第 091825 号

出　　　版：辽宁人民出版社　辽宁电子出版社
发　　　行：辽宁人民出版社
　　　　　　地址：沈阳市和平区十一纬路 25 号　邮编：110003
　　　　　　电话：024-23284321（邮　购）　024-23284324（发行部）
　　　　　　传真：024-23284191（发行部）　024-23284304（办公室）
　　　　　　http://www.lnpph.com.cn
印　　　刷：北京长宁印刷有限公司天津分公司
幅面尺寸：185mm×260mm
印　　　张：9.75
字　　　数：140 千字
出版时间：2021 年 6 月第 1 版
印刷时间：2022 年 1 月第 2 次印刷
责任编辑：高　丹
装帧设计：丁末末
责任校对：冯　莹
书　　　号：ISBN 978-7-205-10188-6

定　　　价：59.80 元

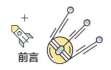

前言
PREFACE
—

2015 年，知识产权出版社出版了我所著的《青少年太空探索科普丛书》（第 1 辑），这套书受到了读者的好评。为满足读者的需要，出版社多次加印。其中《月球文化与月球探测》荣获科技部全国优秀科普作品奖；《揭开金星神秘的面纱》荣获第四届"中国科普作家协会优秀科普作品银奖"；《北斗卫星导航系统》入选中共中央宣传部主办、中国国家博物馆承办的"书影中的 70 年——新中国图书版本展"。从出版发行量和获奖的情况看，这套丛书是得到社会认可的，这也激励我进一步充实内容，描述更广阔的太空。因此，不久就开始酝酿写作第 2 辑。

在创作《青少年太空探索科普丛书》（第 2 辑）时，我遵循这三个原则：原创性、科学性与可读性。

当前，社会上呈现的科普书数量不断增加，作为一名学者，怎样在所著的科普书中显示出自己的特点？我觉得最重要的一条是要突出原创性，写出来的书无论是选材、形式和语言，都要有自己的风格。如在《话说小行星》中，将多种图片加工组合，使读者对小行星的类型和特点有清晰的认识；在《水星奥秘 100 问》中，对大多数图片进行了艺术加工，使乏味的陨石坑等地貌特征变得生动有趣；在关于战争题材的书中，则从大量信息中梳理出一条条线索，使读者清晰地了解太空战和信息战是由哪些方面构成的，美国在太空战和信息战方面做了哪些准备，这样就使读者对这两种形式战争的来龙去脉有了清楚的了解。

教书育人是教师的根本任务，科学性和严谨性是对教师的基本要求。如果拿不严谨的知识去教育学生，那是误人子弟。学校教育是这样，搞科普宣传也

是这样。因此，对于所有的知识点，我都以学术期刊和官方网站为依据。

图书的可读性涉及该书阅读和欣赏的价值以及内容吸引人的程度。可读性高的科普书，应具备内容丰富、语言生动、图文并茂、引人入胜等特点；虽没有小说动人的情节，但有使人渴望了解的知识；虽没有章回小说的悬念，但有吸引读者深入了解后续知识的感染力。要达到上述要求，就需要在选材上下功夫，在语言上下功夫，在图文匹配上下功夫。具体来说做了以下努力。

1. 书中含有大量高清晰度图片，许多图片经过自己用专业绘图软件进行处理，艺术质量高，增强了丛书的感染力和可读性。

2. 为了增加趣味性，在一些书的图片下加了作者创作的科普诗，可加深读者对图片内涵的理解。

3. 在文字方面，每册书有自己的风格，如《话说小行星》和《水星奥秘100问》的标题采用七言诗的形式，读者一看目录便有一种新鲜感。

4. 科学与艺术相结合。水星上的一些特征结构以各国的艺术家命名。在介绍这些特殊结构时也简单地介绍了该艺术家，并在相应的图片旁附上艺术家的照片或代表作。

5. 为了增加趣味性，在《冥王星的故事》一书中，设置专门章节，数字化冥王星，如十大发现、十件酷事、十佳图片、四十个趣事。

6. 人类探索太空的路从来都不是一帆风顺的，有成就，也有挫折。本丛书既谈成就，也正视失误，告诉读者成就来之不易，在看到今天的成就时，不要忘记为此付出牺牲的人们。如在《星际航行》的运载火箭部分，专门加入了"运载火箭爆炸事故"一节。

十本书的文字都是经过我的夫人刘月兰副研究馆员仔细推敲的，这个工作量相当大，夫人可以说是本书的共同作者。

在全套书内容的选择上，主要考虑的是在第1辑中没有包括的一些太阳系天体，而这些天体有些是人类的航天器刚刚探测过的，有许多新发现，如冥王星和水星。有些是我国正计划要开展探测的，如小行星和彗星。还有一些是太阳系富含水的天体，这是许多人不甚了解的。第二方面的考虑是航天技术商业化的一个重要方向——太空旅游。随着人们生活水平的提高，旅游已经成为日常生活必不可少的活动。神奇的太空能否成为旅游目的地，这是人们比较关心

的问题。由于太空游费用昂贵，目前只有少数人能够圆梦，但通过阅读本书，人们可以学到许多太空知识，了解太空旅游的发展方向。另外，太空旅游的方式也比较多，费用相差也比较大，人们可以根据自己的经济实力，选择适合自己的方式。第三方面，在国内外科幻电影的影响下，许多人开始关注星际航行的问题。不载人的行星际航行早已实现，人类的探测器什么时候能进行超光速飞行，进入恒星际空间，这个话题也开始引起人们的关注。《星际航行》就是满足这些读者的需要而撰写的。第四方面是直接与现代战争有关的题材，如太空战、信息战、现代战争与空间天气。现代战争是人们比较关心的话题，但目前在我国的图书市场上，译著和专著较多，很少看到图文并茂的科普书。这三本书则是为了满足军迷们的需要，阅读了美国军方的大量文件后书写完成。

《青少年太空探索科普丛书》（第 2 辑）的内容广泛，涉及多个学科。限于作者的学识，书中难免出现不当之处，希望读者提出批评指正。

本套图书获得国家出版基金资助。在立项申请时，中国空间科学学会理事长吴季研究员、北京大学地球与空间科学学院空间物理与应用技术研究所所长宗秋刚教授为此书写了推荐信。再次向两位专家表示衷心的感谢。

焦维新

2020 年 10 月

目录
CONTENTS

▲ 从国际空间站观测到的极光现象

第1章

现代**战争**的特点

现代战争的显著特点可以概括为远距离精确打击、信息战、武器的信息化技术增强、军事卫星数量增多、战场向太空扩展等。这些特点与空间天气有什么联系呢？本章将为大家做一介绍。

　　自中越边境自卫还击作战于 1979 年 3 月 16 日结束后，在我国境内没有发生过战争，我国的军队也没有直接参加过境外的大规模战争，那我们这本书为什么要专门谈论战争呢？

　　40 多年来，虽然我国军队没有参与战争，但局部战争依然不断发生。

　　现代战争的显著特点可以概括为远距离精确打击、信息战、武器的信息化技术增强、军事卫星数量增多、战场向太空扩展等。这些特点与空间天气有什么联系呢？这就是本书要向大家介绍的问题。

巡航导弹

电子战

军用雷达

军事卫星

太空战

▲ 现代战争的特点

远距离精确打击

虽然海湾战争和伊拉克战争已经过去多年了，但现在恐怕还有不少人记得海湾战争期间的一些电视镜头：一阵警报声后，"战斧"巡航导弹从美国军舰上起飞，奔向巴格达；美国轰炸机上投掷的各种制导炸弹，像长了眼睛似的飞向目标，这就是现代战争的远距离精确打击武器。下图显示了美国人对这个问题的研究成果。乍一看这个结果，觉得有点不可思议，炸弹的命中精度与爆炸威力相比，作用怎么那么大呀？可是，如果你仔细想一想就会弄明白这个道理。比如说，飞机要投弹炸毁一座桥梁，你投出的炸弹虽然威力大，但距离桥梁很远就爆炸了，这只能溅起较大的水柱，却伤不了桥梁。可是，如果弹着点非常准确，正中桥面，肯定能毁坏桥梁。

B-17 是美国二战时期的主流轰炸机，不但飞得高，而且在战争中投下了比美军其他任何机种都多的炸弹。在整个二战期间，B-17 机群一共在欧洲大

精确制导弹药

☆ **美军模拟试验结论：**

爆炸威力提高1倍，杀伤力只能提高40%

命中概率提高1倍，杀伤力却能提高400%

☆ **美空军实战比较：**

F-117A战斗机　　　**作战效果**　　　B-17重型轰炸机

1架次，1~2枚　　　**＝＝＝**　　　10架，4500架次

2000磅激光制导炸弹　　　　　　　投掷9000枚炸弹

▲ 精确制导武器

▲ B-17 轰炸机

陆投下了 64 万吨弹药，超过所有美军轰炸机投掷量的 40%。但在那个时代，没有制导炸弹，为了炸毁预定目标，只能出动大量飞机，铺天盖地地往下扔炸弹。虽然出动的 B-17 飞机很多，但都不敢低飞，因为担心被地面的高射炮击中。

　　说起 F-117A，那可是有点名气的。它是美国空军的一种隐身战斗攻击机，也是世界上第一款完全以隐形技术设计的飞机。F-117A 在 1989 年美国入侵巴拿马时第一次投入实战，在这次战斗中，两架 F-117A 对巴拿马军方的一个军事基地发动突袭。然而，由于通信失误，计划临时更动，本次作战并不十分成功。在 1991 年的 "沙漠风暴" 行动期间，F-117A 战斗机出击近 1300 次，在防空炮火中袭击了伊拉克 1600 个有价值的目标，竟无一架受损。美国和联军的其他飞机都没有攻击过巴格达市区，只有 F-117A 在 1991 年 1 月 19 日白天执行 "Q 包裹" 任务时攻击了巴格达市区的目标。

▲ F-117A

　　F-117A 投出的炸弹为什么能准确击中目标呢？关键的因素是这种炸弹有制导系统。所谓制导，就是导引和控制飞行器按一定规律飞向预定目标的技术和方法。制导过程中，导引系统不断测定飞行器与目标或预定轨道的相对位置关系，发出制导信息传递给飞行器控制系统，以控制飞行。制导炸弹的种类很多，有激光制导、红外制导和卫星制导等。

　　说到这里，就和我们这本书的宗旨联系在一起了。因为现在的许多精确制导武器都使用了导航卫星，而导航卫星的性能是受空间天气状况影响的。

信息战

　　信息战是指综合运用信息技术和武器，打击敌人的信息系统，特别是侦察和指挥系统，使敌人不明情况，难以做出决策，或者给以虚假的信息，使之做出错误的决策，处处被动挨打，最后不得不放弃抵抗；与此同时，采取一切措施保护自己的信息系统不受敌人的干扰和破坏，各种功能得以充分发挥。这种攻防兼备的信息战，核心是争夺制信息权。

　　海湾战争预示着信息化作战正式登场，是机械化战争向信息化战争的历史转折点。

　　在科索沃战争中，北约充分发挥了卫星的制天权功能和优势，自始至终掌握着空天制信息权。战争期间，北约运用的各种卫星超过 50 颗。这些卫星分别担当电子侦察、定位导航、通信支援和气象服务功能，为北约海空军的军事打击提供适时的精确目标数据。北约在空袭中还使用了各类性能先进的预警飞机和专用电子战飞机，分别对南军的预警、火控雷达和指挥控制系统实施"致盲""致聋"。通过软硬兼施的电子攻击，北约始终掌握着作战地区的制信息权，使南联盟的军队处于被动挨打、无力还手的境地。

　　在 2001 年的阿富汗战争中，美军实现了信息系统与作战系统的高度一体化。为实现在信息获取系统和空中打击系统的信息实时传输，美军专门在沙特的苏丹王子空军基地建立了一个新型联合空战中心。联合空战中心配备了最新型的 C⁴ISR 系统，综合分析、处理、分发由美军各种战场侦察系统所获取的战场信息数据，并将处理过的战场信息数据实时传输到轰炸机、战斗机等各种作战平台。此外，信息平台还首次具备了攻击能力。

　　信息战涉及五大领域，包括电子战、计算机网络战、心理战、军事欺骗战和信息保密战。最重要的是电子战和网络战，而这两方面都与空间天气有密切关系。

武器的信息化技术增强

　　随着军事航天技术、信息技术和电子技术的发展，现代战争所使用的各类武器信息技术含量显著增加。不光是新型武器，就是传统武器，如战机、军舰和火炮等，也都大大地增加了信息技术含量，以确保远距离精确打击和赢得信息战。

▲ 一些武器的信息技术含量

军事卫星数量增多

　　自从 1957 年苏联发射第一颗人造地球卫星以来，人类发射的各种卫星的数量都逐年增加，特别是军事卫星，在数量上已经接近民用卫星的数量。

　　军用卫星类型包括侦察卫星、导航卫星、海洋卫星、通信卫星、导弹预警卫星、国防气象卫星、空间天气卫星、卫星武器等。

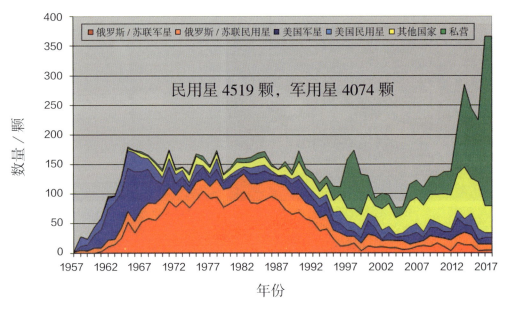

▲ 全世界发射的卫星数量

　　第一次海湾战争中，以美国为首的多国部队运用了 72 颗卫星，包括照相侦察卫星、电子侦察卫星、遥感卫星、通信卫星、导航卫星、海洋卫星和气象卫星等。伊拉克战争扩展了军事卫星应用，美国动用各类卫星 150 多颗，种类包括成像侦察卫星、电子侦察卫星、海洋监视卫星、导弹预警卫星、通信卫星、广播卫星、数据中继卫星、导航定位卫星、军民气象卫星、商业遥感卫星以及商业通信卫星等。

　　卫星军事应用的特点：（1）空间优势基本形成；（2）快速反应能力提升；（3）实时指挥能力强大；（4）GPS 实现战场普及；（5）侦察预警贯穿全程。

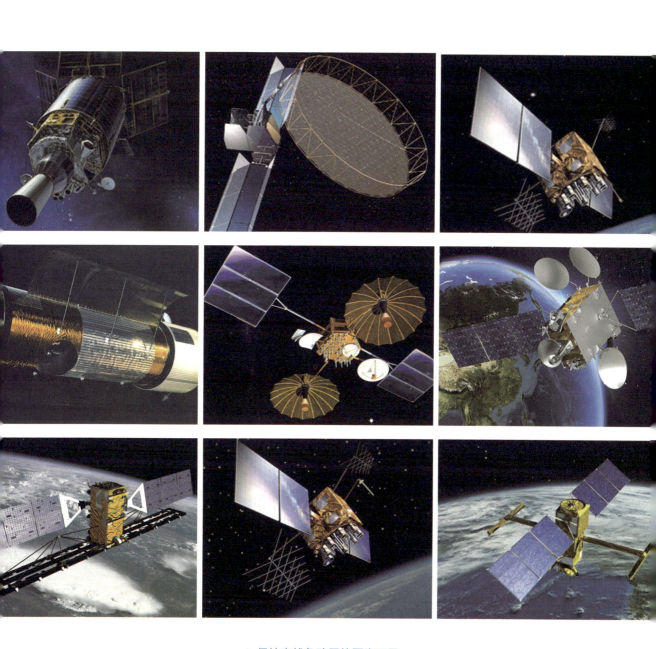

▲ 伊拉克战争动用的军事卫星

 # 战场向太空扩展

　　有人这样评价太空在海湾战争中的地位："太空给战争增加了第四维。它左右了战争的总方向，拯救了生命。"但第一次海湾战争只能说是太空战雏形（不是完全意义上的太空战），科索沃与伊拉克战争使太空战的因素增多。

　　现在，美国正不断加强太空军事力量，多次进行太空战演习，制定了详细的太空战规范，而且正在策划组建太空部队。

　　军事卫星的轨道都在太空，都处于不断变化的空间环境中。也就是说，所有军事卫星，包括为军事服务的民用卫星，都要受到空间天气的影响。

▼ 所有卫星都要受到空间天气的影响

知识总结

写一写你的收获

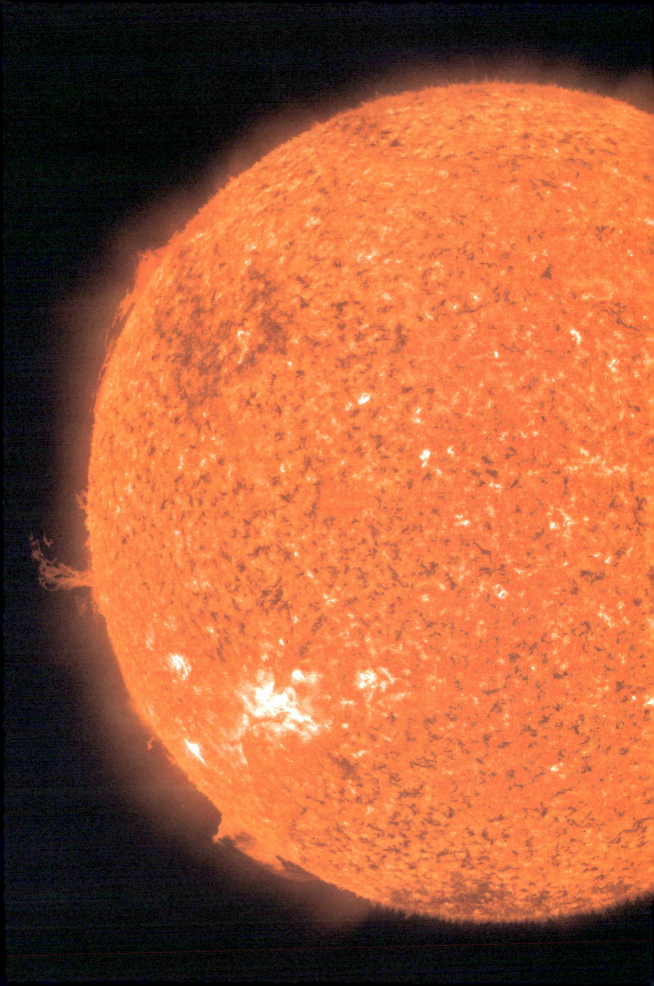

第 2 章

什么叫空间天气

- -

本章从日常生活中的天气现象引出"空间天气"的概念。空间天气是指瞬时或短时间内太阳表面、太阳风、磁层、电离层和热层的状态。它们的状态可影响空间和地面技术系统的性能，危及人类的生命和健康。恶劣的空间天气可引起卫星运行、通信、导航以及电站输送网络的崩溃，造成多方面的经济损失。

- -

传统天气的特点

▶ 什么叫天气

大家对日常生活中的天气现象是熟悉的，所以我们在讨论空间天气之前，先看看日常生活中的天气现象有什么特征，以便将传统的天气现象与空间天气作对比。

传统"天气"的定义是：瞬时或较短时间内风、云、降水、温度、气压等气象要素综合显示的大气状态。日常所讲的天气，是指发生在对流层内，影响人类生活、生产的中性大气物理状态，例如阴、晴、雨、雪、冷、暖、干、湿等。

这个定义包含三方面的内容：一是时间尺度，天气是发生在瞬时或短时间内的现象，若时间太长，那就不是天气现象，而是气候现象；二是空间范围，明确指出是在对流层内，也就是紧挨地球表面的低层大气内；三是提到了描述天气现象的主要参数。后面在分析空间天气的定义时，我们也会考虑到这几点。

人们常用"风和日丽"这个词描述自己喜欢的天气，因为在这样的天气里，和风拂面，阳光明媚，温度适中，人的感觉非常舒服。但对于研究天气的人来说，更关心普通人所讨厌的天气，即灾害性天气，因为研究人员的目的是为了预报这些天气，尽量减少这类天气给人类社会带来的不利影响，所以下面我们介绍几种典型的灾害性天气。

▶ 灾害性天气的特点

风是空气相对于地面的运动，气象上常指空气的水平运动。风既有大小，又有方向，因此，风的观测中包括风向和风速两项内容。风速是单位时间内空气在水平方向的位移，单位常以米／秒或千米／时表示，也可用风级来表示。风级是根据风对地面物体影响程度而定出的等级，共分 13 个级别，即

0～12 级。

0 级风又叫无风；1 级风叫软风；2 级风叫轻风，树叶微有声响，人面感觉有风；3 级风叫微风，旌旗展开；4 级风叫和风，树细小枝摇动，能吹起地面灰尘和纸张；5 级风叫清风，小树摇摆；6 级风叫强风，大树枝摇动，电线有呼呼声，打雨伞行走有困难；7 级风叫劲风，步行困难；8 级风叫大风，树的细枝可折断，人迎风行走阻力甚大；9 级风称烈风，小损房屋；10 级风叫狂风，陆地少见，可拔起树木，建筑物损害较重；11 级风叫暴风，损毁重大；12 级以上的风叫飓风，摧毁力极大，陆地少见。

其实，在自然界中风力有时是会超过 12 级的。像强台风中心附近的风力或龙卷风的风力，都可能比 12 级大，只是 12 级以上的大风比较少见。

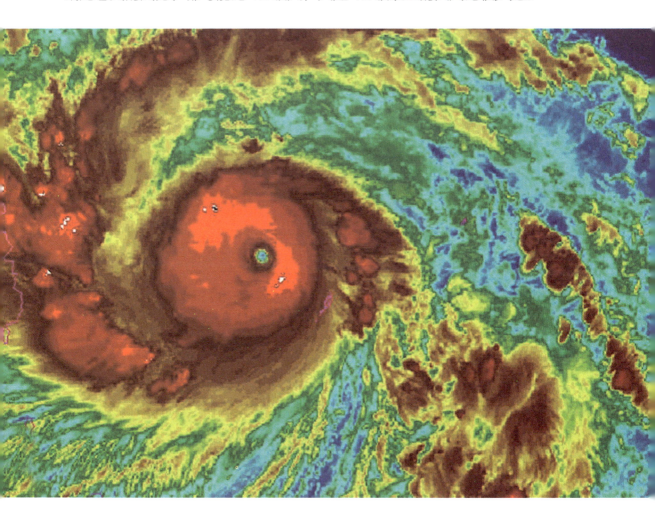

▲ 2013 年的最大飓风"海燕"

台风级别划分如下：

强热带风暴：底层中心附近最大平均风速24.5~32.6米/秒，即10~11级。

台风：底层中心附近最大平均风速32.7~41.4米/秒，即12~13级。

强台风：底层中心附近最大平均风速41.5~50.9米/秒，即14~15级。

超强台风：底层中心附近最大平均风速大于51.0米/秒，即16级或以上。

▲ "海燕"给菲律宾造成的灾害

习惯上将发生在大西洋、墨西哥湾、加勒比海和北太平洋东部的热带气旋称为飓风（Hurricane）。飓风通常发生在夏季和早秋，它来临时常常电闪雷鸣。严重的飓风在仅仅一天内就释放出巨大的能量，这些能量甚至可以满足整个美国约六个月电的需求量。

暴雨（Torrential Rain）是降水强度很大的雨。一般指每小时降雨量16毫米以上，或连续12小时降雨量30毫米以上，或连续24小时降雨量50毫米以上的降水。

中国气象上规定，24小时降水量为50毫米或以上的雨称为"暴雨"。按其降水强度大小又分为三个等级，即24小时降水量为50～99.9毫米称"暴

雨"；100～250 毫米为"大暴雨"；250 毫米以上称"特大暴雨"。

由于各地降水和地形特点不同，所以各地暴雨洪涝的标准也有所不同。特大暴雨是一种灾害性天气，往往造成洪涝灾害和严重的水土流失，导致工程失事、堤防溃决和农作物被淹等重大的经济损失。特别是对于一些地势低洼、地形闭塞的地区，雨水不能迅速宣泄造成农田积水和土壤水分过度饱和，会造成更多的灾害。

世界上最大的暴雨出现在南印度洋上的留尼汪岛，24 小时降水量为 1870 毫米。中国是多暴雨国家之一，几乎各省（区、市）均有出现。主要集中在下半年。暴雨日数的地域分布呈明显的南方多、北方少，沿海多、内陆少，迎风坡侧多、背风坡侧少的特征。

暴雨常常是从积雨云中落下的。形成积雨云的条件是大气中要含有充足的水汽，并有强烈的上升运动，把水汽迅速向上输送，云内的水滴受上升运动的影响不断增大，直到上升气流托不住时，就急剧地降落到地面。

在冬天，当云中的温度变得很低时，使云中的小水滴结冻。当这些结冻的小水滴撞到其他的小水滴时，这些小水滴就变成了雪。当它们变成雪之后，会继续与其他小水滴或雪相撞。当这些雪变得太大时，它们就会往下落。大多数雪是无害的，但当风速达到每小时 56 千米，温度降到 –5℃以下，并有大量的雪时，暴风雪便形成了。

雪灾是因长时间大量降雪造成大范围积雪成灾的自然现象，是我国牧区常发生的一种畜牧气象灾害。

雪灾的形成因素包括降雪厚度、下雪季节、雪后天气变化和积雪的时间。对于 30 厘米厚度的雪，在条件差的牧区，雪灾就不可避免；下完雪后，剧烈降温，往往会形成暴风雪，雪灾会严重。

我国的雪灾主要发生在牧区，当然也有农业雪灾和交通雪灾等。

雷暴是由发展旺盛的积雨云引起的闪电和雷鸣现象。在水蒸气激烈上升形成的积雨云中，凝结有巨大数量的小水滴和冰晶，它们之间的高速碰撞使云体带上电荷。

雷暴的能量很大，千分之几到十分之几秒的雷电放出的电能，可达到数十亿到上千亿瓦特，温度为 1 万～2 万摄氏度。

▲ 强烈的雷暴

雷暴是一种严重的灾害性天气，具有极强的破坏性和杀伤力，直接威胁着人们的生命和财产的安全。

雷暴通常在低纬度的地方（特别是热带雨林地区）会较频繁地发生，甚至每日都会发生。在亚热带和温带等中纬度地区，雷暴则通常会在夏季发生，有时在冬季也会受冷锋影响而有短时性雷暴。除了在乌干达及印尼这些全世界雷暴发生最频繁的地方外，在美国中西部及南部州也常发生威力强烈的雷暴，这些雷暴还会与冰雹或龙卷风一起发生。至今为止，全世界从未发生过雷暴的地区只有南美洲智利北部的阿塔卡马沙漠，因该地气候过于干燥而难以形成雨云。

雷暴会在大气不稳定时发生，并且会制造大量的雨水或冰晶。通常其发生有三种特定情况：地球大气层低空带的湿度很高，这可以由露点温度观察得到；高空与低空的温度差异极大，即气温递减率极大；冷锋受到外力的逼迫而汇聚。

在古老的文明里，雷暴有着极大的影响力。不论是古代中国、古罗马还是在美洲古文明皆有与雷暴相关的神话。

什么是空间天气

▶ 太阳耀斑、日冕物质抛射、太阳风

太阳不断地发出光和热，是地球上一切生命的源泉。

太阳是一颗恒星，中心不断地发生核聚变，因此才能不断地向外发出光和热。如果我们用肉眼看太阳，只能看到一个亮亮的火球，什么也看不清楚。但如果不是用可见光观测，而是用工作在紫外线、X射线和伽马射线等短波波段的仪器观测，就会发现太阳表面是千变万化的。

我们虽然现在还不知道究竟在太阳表面发生了什么事件，但有一点是清楚的，那就是太阳表面并不平静。

确实，太阳并不总是温柔的，有时会发怒，一发怒，不光是"脸色难看"，

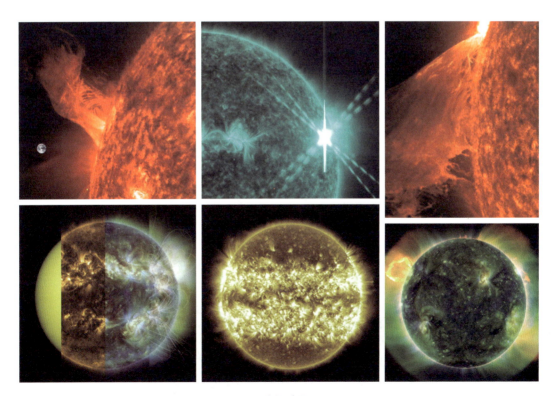

▲ 太阳表面

而且发出的巨大短波电磁辐射，将对人类的卫星、无线电通信、导航与定位以及其他许多技术系统带来巨大的危害。

太阳发怒有哪些表现呢？最重要的有太阳耀斑、日冕物质抛射、太阳风。

耀斑是太阳突然的、快速的、强烈的能量释放现象。当积累在太阳大气层中的磁能积累到一定程度时，突然以电磁辐射的形式释放出来，辐射的波谱从长波射电一直到可见光、X 射线和伽马射线，但以短波辐射为主，特别是紫外和 X 射线。一个大耀斑所释放出的总能量相当于百万个亿万吨级的氢弹同时爆炸！当磁能释放时，电子、质子和重离子等粒子也在太阳大气中被加热和加速。

太阳最外层大气叫日冕，是温度为 10^8K 的较稀薄的等离子体。

日冕物质抛射（CME）是日冕物质瞬时向外膨胀或向外喷射的现象。抛射出来的物质主要是电子和质子组成的等离子体（此外还有少量的重元素，例如氦、氧和铁），加上伴随着的日冕磁场。大的 CME 可含有 100 亿吨等离子体，这些物质被加速到每秒几百甚至上千千米，日常所说的太阳风暴，就是指日冕物质抛射。

▼ 大耀斑

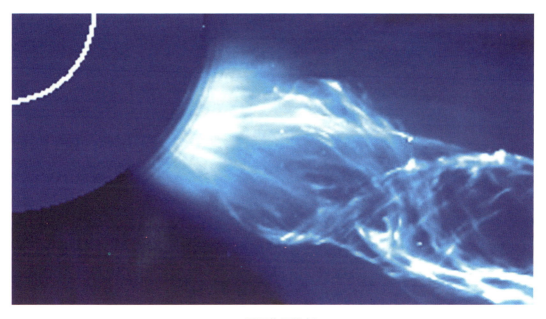

▲ 日冕物质抛射

日冕的温度非常高，可达几百万摄氏度。在这样高的温度环境下，大气中的氢、氦等原子已经被电离成带正电的质子、氦原子核和带负电的自由电子等。这些带电粒子运动速度极快，以致不断有带电的粒子挣脱太阳的引力束缚，射向太阳的外围，形成了太阳风。太阳风的密度非常低，每立方厘米内只有几个带电粒子。

太阳风对地球磁层的影响是非常大的，高速太阳风吹到磁层附近后，会

▲ 太阳风

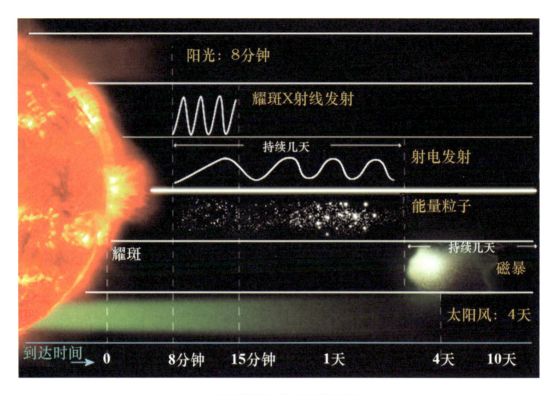

▲ 太阳对地球的效应及到达时间

把磁层压缩变形，向阳面磁力线向地球方向移动，而背阳面的磁力线则被拉向后面。被太阳风保卫着的空腔称为磁层。

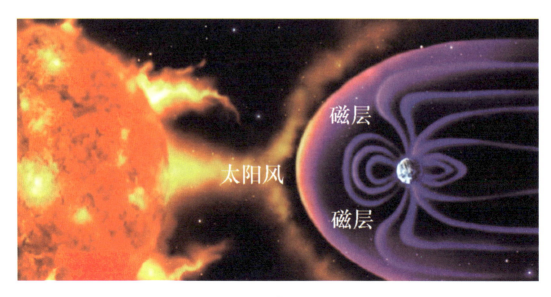

▲ 磁层

▶ 空间天气的定义

如果没有潜艇，人类不会感受到深海海底的暗流；如果没有飞机，人类不会感受到数十千米高度上的天气。现代技术的发展，一方面急速扩大了人类的活动范围，同时也揭示出更多可以对人类产生影响的自然因素。在漫长的发展历程中，人类从来没有感受到或者很少感受到的一些影响现在逐渐凸显出来，例如空间天气。

近几十年来，随着卫星和飞船不断进入太空，人类日常生活对卫星等空间技术系统的依赖不断增加，人们逐渐认识到地球除了陆地、海洋和大气环境外，还存在与人类的生存发展息息相关的空间环境。如同大气中会存在千变万化的天气过程并与人类的生存发展息息相关一样，空间中也存在所谓的"空间天气"（Space Weather）。

空间天气是指瞬时或短时间内太阳表面、太阳风、磁层、电离层和热层的状态。它们的状态可影响空间和地面技术系统的性能和可靠性，危及人类的生命和健康。恶劣的空间天气可引起卫星运行、通信、导航以及电站输送网络的崩溃，造成多方面的社会经济损失。

对空间天气定义的说明：

空间范围：从地球表面直至太阳表面。

时间尺度：瞬时至一个月。

主要参数：太阳表面、太阳风、磁层、电离层和热层的状态。

飓风、台风、龙卷风	高速太阳风、中性风
雷暴、闪电	电磁场和电流、极光
高温、严寒	等离子体温度变化
暴雨、暴风雪	高能带电粒子雨
雾霾	太空碎片

▲ 两类天气参数对比

▶ 空间天气效应

空间天气对天基与地基技术系统、武器系统、生产活动以及人类健康的影响，称为空间天气效应。空间天气效应涉及的范围是非常广阔的，主要效应可概括为以下方面。对每个方面的详细介绍将在后面的相关章节中描述。

▲ 典型的空间天气效应

1 | 航天器内部充电；

2 | 航天器表面充电；

3 | 航天器单粒子效应；

4 | 航天器轨道衰减；

5 | 航天器太阳能电池衰减；

6 | 空间原子氧剥蚀；

7 | 空间辐射效应；

8 | 空间碎片撞击；

第 2 章
什么叫空间天气

9 ｜ 电离层闪烁；

10 ｜ 电离层吸收；

11 ｜ 电离层折射；

12 ｜ 短波衰减；

13 ｜ 电磁波折射；

14 ｜ 电离层总电子含量效应；

15 ｜ 电离层突然骚扰；

16 ｜ 太阳射电暴效应；

17 ｜ 磁暴对输电系统的影响；

18 ｜ 电离层对导航与定位的效应；

19 ｜ 载人航天的生物效应；

20 ｜ 大气层变化对导弹的影响。

▲ 从地面到太空的空间天气效应

▶ 典型的空间天气事件——"十月风暴"

在介绍空间天气事件之前，我们先看看一种典型的灾害性天气过程。台风是大家比较熟悉的词。每年的夏季，都会有几次台风在我国的东南沿海登陆。接到国家气象局发布的台风警报，沿海各省就开始忙碌起来，渔船忙着返港，各地做好防台风准备。在台风登陆之前，就明显感到风逐渐增大。而在台风登陆之后，狂风夹着暴雨，大地一片汪洋，有时大树连根拔起，一些电线杆也东倒西歪。台风过后，一片狼藉。这就是一次典型的灾害性天气事件。

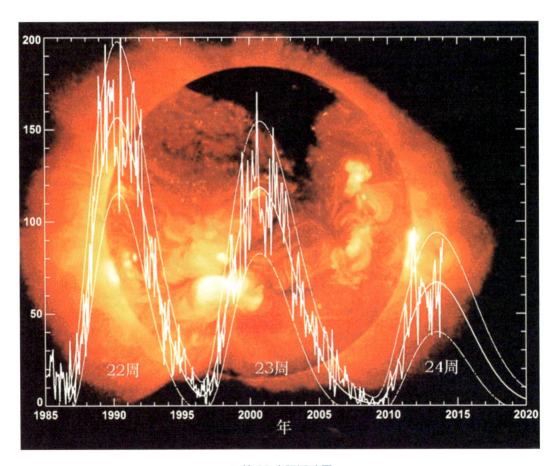

▲ 第 23 太阳活动周

灾害性空间天气发生后，将会是什么样的呢？我们以 2003 年 10 月的灾害性空间天气事件为例，让大家先认识一下空间天气。

2003 年 10 月，太阳爆发了一系列耀斑和日冕物质抛射，地球空间发生了

多次大磁暴，给人类的高技术系统带来巨大损害，现在称这次系列的空间天气现象为"十月风暴"。我们现在按照时间序列，介绍这场"十月风暴"到底是怎么回事，从中也可以看到灾害性空间天气都会给人类带来哪些危害。

2003 年 10 月上旬，太阳活动非常平静，不必说在地面看不到表面有黑子，就是专门观测太阳的飞船，也只看到少量黑点。此时，人们似乎可以得到这样的结论，第 23 太阳活动周（周期是 11 年）就此平静地结束了。得出这样的结论也不无道理，它起始于 1996 年 5 月，2000 年 4 月达到峰值。2003 年 10 月已是本活动周的第 42 个月，说它将平静地结束顺理成章。

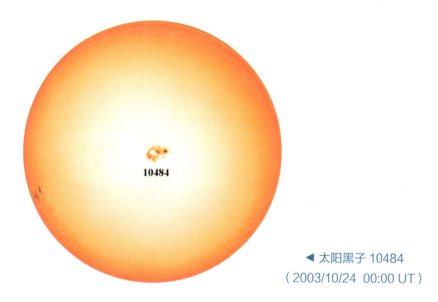

◀ 太阳黑子 10484
（2003/10/24 00:00 UT）

但出人意料的是，这种平静没维持很久，从 10 月 18 日开始，太阳表面黑子数迅速增加，19 日为 91 个，22 日达到 144 个。在 10 月 19 日，接近太阳东北临边的 10484 号黑子快速增长，尺度大约是地球直径的 7 倍。就是在这个黑子区，发生了一次 X 级耀斑。从 10 月 19 日到 11 月 5 日，太阳发生了 17 次大的耀斑，包括由 GOES XRS 仪器在 11 月 4 日观测到的巨大的 X28 耀斑，许多耀斑伴随着辐射暴。在 20 天时间内的 12 天观测到磁暴，在 10 月 29、30 日观测到的两个磁暴达到 G5。美国国家海洋和大气管理局（NOAA）对大多数活动做了预报。在这次爆发的 60 天内，发布了 2 次太阳能量粒子事件警报。当 10 年来最大的黑子群出现时，NOAA 空间环境中心进行了 250 多次太阳能量粒子事件观测、预警和警报。

現代**战争**与空间天气

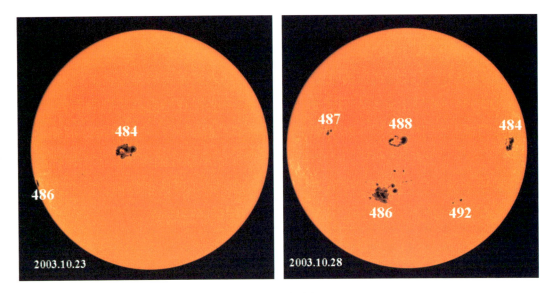

▲ 黑子群的演化

在"十月风暴"中，几次大的爆发性活动都发生在黑子群所处区域，如上图所示。

2003 年 10 月 28 日，在活动区 486 发生了一个 X17.2 耀斑，紧接着发生了强的高能质子事件，使得摄像机拍摄的图形变花，如下图所示。

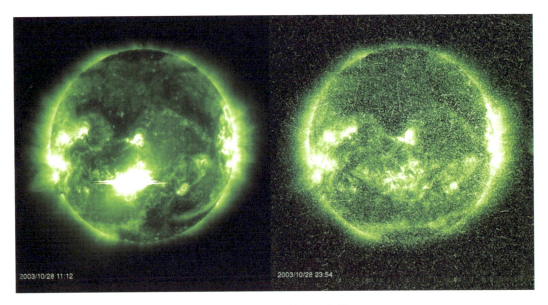

▲ 大耀斑伴随高能质子事件

2003 年 11 月 4 日，发生了有记录以来最大的耀斑，使得 X 射线探测器饱和。起初确定为 X28 耀斑，根据美国国家海洋和大气管理局的空间天气数据分析，这个耀斑的范围应当达到 X40 甚至 X50。

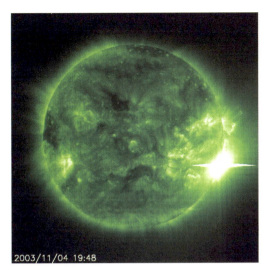

▲ 超级大耀斑

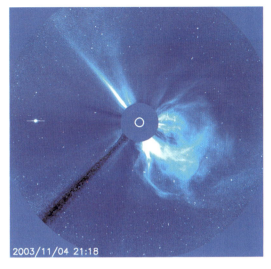

▲ 日冕物质抛射

在"十月风暴"期间，一系列卫星受到影响，出现操作异常：

"星尘"号飞船是到怀尔德2号彗核附近取样的飞船，在"十月风暴"期间，因读出误差而进入安全模式。

欧洲空间局发射的月球探测卫星"智慧1号"因在月球轨道上遇到高的辐射而关闭发动机。共关闭了三次，后来决定在轨道低于10000千米时不点燃发动机。

美国火星车"机遇号"和"勇气号"的恒星跟踪器接收到过量信号，进入"太阳闲置"模式，直到风暴过后才复原。

微波各向异性探测器（MAP）是探测微波背景辐射的，在太阳风暴期间，其恒星跟踪器复位，备份跟踪器自动启动。

欧洲空间局发射的"火星快车"探测器不得不用陀螺仪稳定，因为太阳耀斑使得它不能用恒星作为参考点导航。辐射暴使恒星跟踪器失效15个小时，耀斑也延迟了原计划的对"猎兔犬2号"着陆器进行程序检验。

在2003年10月24日的强日冕物质抛射后，日本宇宙航空研究开发机构（JAXA）与高级地球观测卫星（ADEOS-2）失去了联系。ADEOS-2是2002年12月发射的，用于收集全球变暖和气候变化现象的数据，价值6.4亿美元，设计寿命3年，搭载有NASA的海风（SeaWinds）探测仪器，该仪器价值1.38亿美元。

高级成分探索者（ACE）在"十月风暴"期间低能磁质谱仪受损，在几个能谱通道噪声异常增加，且后来也没有恢复。

数据中继与试验卫星（DRTS）在强辐射暴期间，于10月29日晨进入安全模式。DRTS是日本的地球同步轨道通信卫星，用于中继低地球轨道卫星（包括国际空间站）和地面站的数据。

TOKYO是日本的试验通信卫星，在10月28日大耀斑后受损。

宇宙热星际等离子体谱仪（CHIPS）卫星的计算机在10月29日离线，地面与卫星的联系中断18小时。

美国国家海洋和大气管理局的国防气象卫星DMSP F16，在10月28日和11月3日，传感器两次丢失数据，微波探测器的振荡器失效，转换为备份系统。

GOES-9、10和12是美国国家海洋和大气管理局的地球同步轨道环境卫星，在"十月风暴"期间，用于姿态控制的磁力矩工作不稳定。

国际移动卫星组织（Inmarsat）由9颗卫星组成的地球同步轨道卫星群中，2颗卫星的动量轮速度增加，要求发动机点火；1颗卫星的动量轮停止运行。

TV卫星在穿越磁层顶时，高度控制系统出现问题，不得不采取手动控制方式。

美国的国防卫星在高度感兴趣的区域失去联系达29小时。

Aqua、Landsat、Terra、TOMS、TRMM都是NASA的地球观测系统卫星，在10月29日都关闭了仪器或进入安全模式。

空间红外望远镜"斯皮策"的轨道是在地球后面漂移的轨道。在10月28日，因高的质子通量而关闭了科学仪器，4天没有进行科学观测。

位于日地系统第二拉格朗日点、专门用于观测太阳的SOHO飞船，在10月28日至30日期间，日冕诊断谱仪（CDS）进入安全模式。

美国的高层大气观测与研究卫星（UARS），因太阳活动而延迟开通仪器。

▶ "十月风暴"小统计

在"十月风暴"（10月下旬到11月4日）期间，总共观测到17次大耀

斑（R2—R5）。这些耀斑和伴随的某些太阳活动是有记录以来最大的。如 11 月 4 日的耀斑使 GOES 卫星上的 X 射线探测器饱和达 12 分钟，估计为 X28（R5）。这也许是 GOES 卫星 X 射线探测器自 1975 年开始测量以来出现的最大的耀斑。

太阳活动产生了有记录以来最强的地球物理事件，包括第 23 活动周第二大磁暴（S4）。这次磁暴是自 1976 年以来第四大磁暴。

产生了 2 次磁暴的日冕物质抛射在日地间传输大约 19 小时，平均速度接近每小时 500 万英里。这可能是自 1972 年发现日冕物质抛射以来最快的传输速度。由盖日冕物质抛射产生的磁暴排在自 1972 年以来 30 个大磁暴的第 6 和第 15 位。

第一次出现这样的太阳活动周，3 个大的黑子活动区在同一事件出现在太阳朝向地球一面。最大的活动区 486 等效于 13 个地球大小，是这个太阳活动周最大的黑子群，也是自 1990 年 11 月以来最大的黑子群。

这次活动发生在本次太阳活动峰月（2000 年 4 月）以后的 3.5 年。

几颗卫星和深空探测器的仪器根据预报而进入安全模式。

在 10 月 28 日至 30 日的辐射暴期间，国际空间站上航天员进入增加了屏蔽的服务舱。至少 13 个核电站采取了预防措施，以减轻磁暴期间地磁感应电流的影响。

美国联邦航空局（FAA）第一次发布公告，建议飞行员在南北纬 35 度以上飞行时的飞行高度降低，以降低 10 月 28 日开始的严重辐射暴的影响。

在 10 月底，美国国家海洋和大气管理局的空间环境中心网站的点击率从平均每天 50 万增加到每天 300 万，在 10 月 29 日，点击率增加到 1900 万。

▶ 现代战争特点决定了其必受空间天气影响

我们已经介绍了现代战争的特点，也介绍了什么是空间天气，把这两章的内容结合在一起，立刻发现，正是由于现代战争具有这些特点，决定了其必然会受到空间天气的影响。

从武器方面说，古代战争使用的主要是冷兵器，有刀枪剑戟、斧钺钩叉，

打仗又是在地面，空间天气如何变化，也不会影响大刀的功能，射箭倒是可以受传统天气的影响，大风肯定会影响箭的命中精度。

在有关古代战争的电视剧中，经常会听到"探马来报"这个词，所谓"探马"，就是现在的侦察兵。现在好多情况用不着派人深入敌后，侦察卫星、侦察飞机可以把各地看个够。

古代打仗也有通信兵，主要工作是骑着快马传递信息。但现在都是卫星通信、无线电通信，还使用网络传递信息。

古代的"远距离精确打击"恐怕要数射箭了，而现在的打击距离在几千千米，精度在几十厘米，需要有卫星导航设备。

古代与现代战争的不同，我们就不一一列举了。可以肯定地说，现代战争离不开空间天气服务，现代战争肯定会促进空间天气事业的发展；从另外的角度来说，空间天气对现代战争的影响是全方位的，从打赢现代战争的角度来看，一定要加大对空间天气研究的力度。

这里还需要指出的是，卫星是军民两用的，通信也是军民两用的。因此，当我们讲到空间天气效应时，不是每个地方都特意提到对军事卫星或军事通信的影响。空间天气是不认民用和军用的。

⭐ 知识总结

写一写你的收获

033

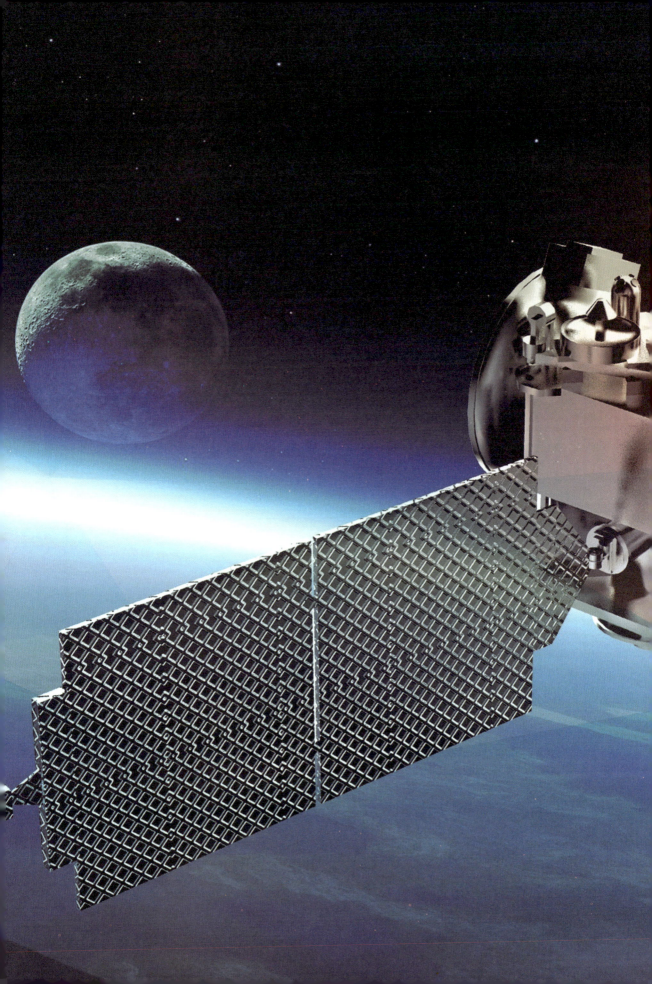

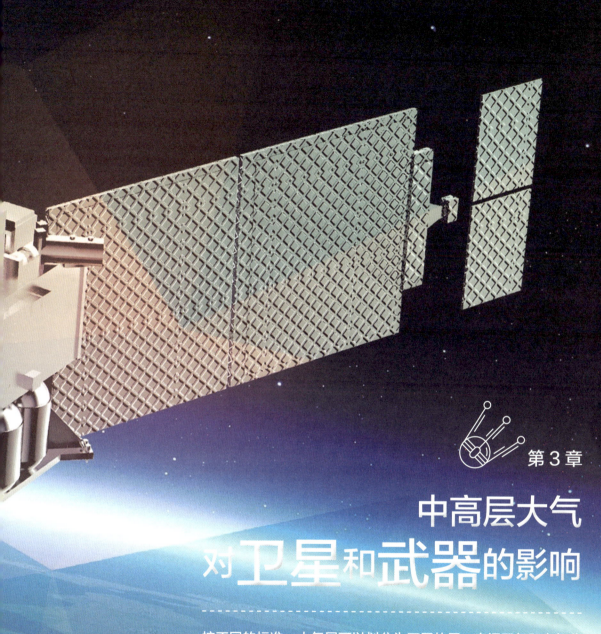

第 3 章

中高层大气
对卫星和武器的影响

按不同的标准，大气层可以划分为不同的层，空间天气和大气分
层息息相关。本章重点介绍了中高层大气天气变化的特点，并介
绍了中高层大气对高超声速武器、卫星轨道、弹道导弹、粒子束
武器以及微波武器的影响。

 # 大气是如何分层的

对大气进行分层，我们可以按两个标准进行。

按照大气层温度变化的特征对大气层进行划分：地球被大气层包围着，紧靠地球的部分是中性大气，具体可分为对流层、平流层、中间层、热层。

从大气层是否带电这个角度来划分，可分为非电离层、电离层和磁层。

太阳光里含有可见光、红外、紫外和 X 射线，其中紫外和 X 射线属于阳光中的短波部分，这些光线的能量很高，当它们照射到大气层时会发生光电效应，使空气中的中性原子失去外层电子，形成自由电子和离子。另外，对于极区和高纬地区，还有由带电粒子产生的电离作用。大气虽然被部分电离，但由于大气中正、负电荷数大体相等，因此从宏观上呈现中性，因此称为等离子体。

在电离大气的底部，由于大气密度比较高，所以电离后，这个区域内的带电粒子也比较多，我们习惯上将低层的电离大气称为电离层，电离层的底部在60 千米左右。在很高的高度上，由于气体非常稀薄，尽管大气分子基本上都被电离了，但带电粒子数仍然非常少，因此这个区域的带电粒子状态主要受磁场的控制，习惯上我们把电离层上面的区域称为磁层。磁层和电离层之间没有明显的分界面，大体上来说，500 千米以下称为电离层，500 千米以上称为磁层。

中高层大气天气变化的特点

临近空间（Near Space）是指距地面 20~100 千米的空间区域，包括平流层区域（18~50 千米）、中间层区域（50~80 千米）和小部分热层区域（80~800 千米），纵跨非电离层和电离层。

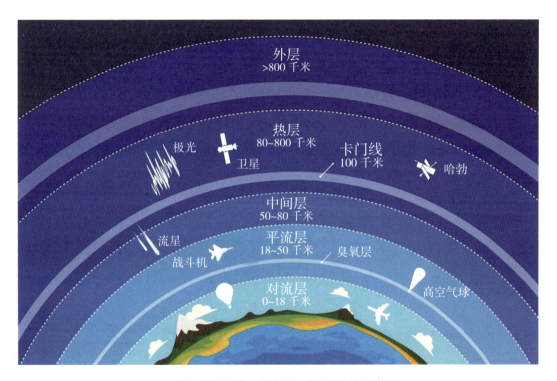

▲ 临近空间区域：平流层、中间层和部分热层

平流层（Stratosphere）是地球大气层里上热下冷的一层，随着高度的增加，平流层的气温在起初基本不变，约 216 K（-57.15℃），升至 20~32 千米后气温迅速上升，到了其上界达到 270~290 K（-3.15℃~16.85℃），与地面气温相近。平流层又因此被分成不同的温度层，其中高温层在顶部，而低温层在底部。这一点与位于其下贴近地表的对流层刚好相反，对流层是上冷下热的，正因为如此而没有上下对流的现象。

平流层的上述气温分布特征与它受地面影响较小和存在大量臭氧有关。在

平流层顶部的臭氧因为吸收了来自太阳的紫外线而升温。因此越靠近其上界，气温便越高。平流层顶部称为平流层顶，而在此之上气温会随高度上升而下降。由于高温层置上而低温层置下，因此在平流层里大气在垂直方向上的运动较弱，基本没有上下对流。大气在其中主要以水平方向流动，气流较为平稳。

中间层（Mesosphere）高度在 50~80 千米，下方是平流层，上方是热层。中间层的气温随高度的上升而下降，因此其大气存在相当强烈的垂直方向的运动。由于它处于飞机所能飞越的最高高度及太空船的最低高度之间，只能使用亚轨道飞行的火箭进入，因而它是人类认知最少的一层大气。

中间层的气温随高度的上升而下降，当中又会因纬度及季节变化而有所不同。在中间层底部，高浓度的臭氧会吸收紫外线使平均气温徘徊在 −2.5℃ 左右，甚至会高达 0℃ 左右。但随着高度增加，臭氧浓度会逐渐减少，在中间层顶的平均气温又会降至 −92.5℃ 的低温，这也是大气垂直结构内最低温的部分。

由于气温随高度的上升而下降，中间层会发生较为强烈的垂直方向上的大气运动。但由于中间层的平均气温递减率比对流层的小，虽有少部分的对流活动发

▼ 探测临近空间的气球

▲ 夜光云

生，但相对的都较稳定，很少发生高气压、低气压的现象。也因为中间层的大气密度非常低，所以这层的热力构造主要由氧分子把太阳的紫外线吸收进来而把大气加热，以及二氧化碳放射出红外线使大气冷却这两个因素平衡来决定。

　　每天均有数以百万计的流星进入地球大气层后在中间层里被燃烧。流星体进入中间层后，会与中间层的气态粒子相撞，导致铁或其他金属原子的高度集中。这种相撞大多会产生足够热力，使这些下坠物在到达地表前燃尽。夜光云也出现于中间层。

▶ 热层天气的特点

　　热层（Thermosphere）位于中间层之上、外层之下，其顶部离地面约800 千米。热层大气受太阳短波辐射而处于高度电离的状态，电离层便存在于本层之中，而极光也是在热层顶部发生的。热层的空气密度极小，我国的天宫1 号和 2 号实验室以及国际空间站均在距离地表 320~380 千米的热层运行。

热层温度主要依靠太阳活动来决定，这是氧原子强烈吸收波长小于 0.175 微米的太阳短波辐射而升温的缘故。热层的气温会因高度上升而迅速上升，有时甚至可以高达 2000℃。

在热层内，空气极为稀薄，本层质量仅占大气总质量的 0.5%。在 120 千米高度以上的空间，空气密度已小到声波难以传播的程度，在 270 千米高度上，空气密度约为地面空气的百亿分之一，在 300 千米的高度上，空气密度只及地面密度的千亿分之一，再向上空气就更稀薄了。虽然空气密度很小，但在极端空间天气下热层的许多指标变化很大。

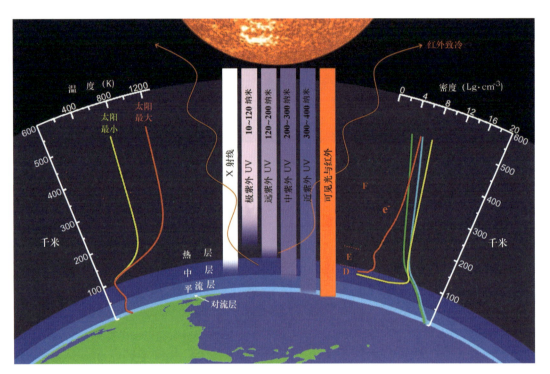

▲ 热层温度随高度和太阳活动的变化
在太阳活动最大年与最小年，在同一高度上，温度有很大差别

从上图我们可以看出，X 射线、极紫外线、远紫外线和中紫外线基本上都在热层被吸收了，这引起电离层密度增加和热层温度升高。而太阳短波辐射是高度变化的，特别是在发生太阳耀斑时，X 射线暴可比耀斑发生前增加几个量级。极紫外线是电离层 D 层的重要电离源，在太阳 27 天自转周内，变化的幅度大约是 100% 的量级。而在太阳爆发性活动期间，增加的幅度是几个数量级。

▲ 在国际空间站上拍摄到的极光

　　输入到热层的第二个能源是太阳风的能量。太阳风粒子从极区进入磁层，并沿着磁力线进入极区电离层，在极区的多种电流系统给热层加热。

　　极光主要发生在热层，来自磁层的带电粒子沉降到低层大气，与大气分子碰撞，产生美丽的极光。实际上，极光是空间天气的屏幕，是太阳活动与地球磁场和大气层相互作用的反应。

　　热层天气是受太阳活动控制的，当太阳活动剧烈时，热层的温度和密度也随之发生剧烈变化，在太阳活动高年和低年时，大气密度有很大的差异。高度越高差异也越大，在 200 千米高度上可相差 3~4 倍，500 千米高度上相差 20~30 倍，1000 千米高度上相差可以达到 100 倍。

　　当太阳发生大耀斑的时候，热层大气密度会发生急剧变化，特别是伴随耀斑发生的强烈地磁暴之后，地球磁场要受到扰动，地磁要大大下降。由于沉降粒子注入，有很多带电的粒子降落到大气层，使得大气加热，造成大气密度的明显增长。比如 1960 年 11 月 12 日的地磁暴导致不同轨道（200~1120 千米）的 7 颗卫星上的大气密度增加，持续大约 3 天，在 650 千米高度上，大

气密度增加 8 倍。1989 年 3 月 13 日的大地磁暴期间，使 840 千米高度的大气密度增加了 9 倍，对航天器有非常大的影响。

▲ 中等磁暴期间全球大气密度变化

在磁暴期间，高纬加热引起中性大气膨胀。在极区受到加热的空气向低纬流动，使得热层高度上的风增强。

高层大气密度也受到地磁活动的影响。就高纬地区和短期变化特性而言，磁暴引起的焦耳加热远大于太阳远紫外辐射加热。例如，在 2003 年 10 月 20—21 日的磁暴期间，高层大气密度增加了 300%~800%，这对空间目标的跟踪和卫星的轨道都将产生很大影响。

中层大气对高超声速武器的影响

▶ 什么叫高超声速武器

所谓高超声速武器是指以超高声速飞行技术为基础，飞行速度超过 5 倍声速的武器。此类武器航程远、速度快、性能卓越，被军事专家称为继螺旋桨、喷气推进之后航空史上的第三次革命性成果，将对未来的战争产生巨大的影响。

▲ X-51A 飞行艺术图

其实高超声速武器严格说来并不是一种新的武器，远程弹道导弹和洲际弹道导弹实际上就是一种高超声速武器。这两种导弹在发射后会冲出大气层，接近第一宇宙速度，所以弹道导弹平均速度超过 15 马赫是完全没有问题的，而

其弹头在末端突防时候的速度甚至会达到 30 马赫以上。从 5 马赫的标准来看，弹道导弹完全当得起"高超声速武器"的称号。

如果从飞行的空间区域来看，在临近空间主要有两种高超声速武器，一种叫高超声速巡航导弹，另一种叫高超声速滑翔式导弹。

X-51 乘波者（X-51 WaveRider）是美国波音公司研发的一种无人高超声速飞行器，最高速度可达声速的 5.1 倍，是美国超声速燃烧冲压发动机试验机之一。X-51 之所以获名"乘波者"，是因为它能靠着"驾驭"所生产的冲击波来形成"压缩升力"。

"乘波者"共进行试验 4 次，其中 2 次失败。4 次试验目标都是希望能够完成持续 300 秒的声速 6 倍飞行，但没一次能够达到这个目标。

"猎鹰计划"（Falcon Project）最早于 2002 年提出，它合并了美国空军及美国国防高级研究计划局此前的高超声速武器项目，目前唯一进行过实际飞行试验的是洛克希德·马丁公司的"高超声速测试载具"HTV-2。HTV-2 采用"乘波者"外形设计，据称其在高超声速条件下的升阻比高达 3~4。可以比较的是，在同等速度条件下，传统宇宙飞船如联盟、神舟的升阻比仅 0.2~0.3，阿波罗飞船为 0.368；采用三角翼、能在普通跑道降落的航天飞机的升阻比为

1。HTV-2 在高超声速下的高升阻比是它实现远距离滑翔的最根本基础，同时如何实现在高超声速飞行时保持姿态、机动可控也是最大的设计难点。

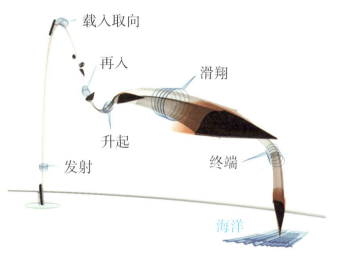

▲ HTV-2 飞行过程

HTV-2 的另一设计难点是防热。尽管在 30~60 千米的高空，大气密度已非常稀薄，但高超声速滑翔时的摩擦生热仍使 HTV-2 的表面温度最高超过 2000℃，这已超过不锈钢、钛合金等常见航空材料的熔点。所以 HTV-2 外壳主体采用了碳 - 碳复合材料。

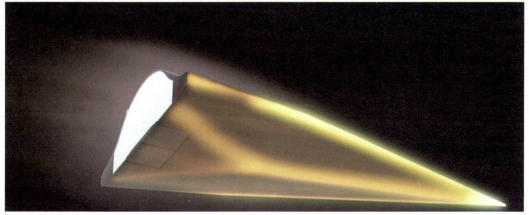

▲ HTV-2 滑翔过程

2010 年 4 月 22 日，HTV-2 进行首次飞行试验。HTV-2 搭载在牛头怪 4 型运载火箭上，在加利福尼亚州的范登堡空军基地发射升空，它以约 20 倍声速重返大气层展开高超声速滑翔飞行，按计划它要滑翔飞行 5741 千米，击中西太平洋夸贾林环礁附近的海上靶区，整个飞行全程大约耗时 30 分钟，末速降低至 4 倍声速左右。但在试验中，HTV-2 仅滑翔飞行 139 秒就失控坠毁。调查发现，HTV-2 是在再入大气层、拉起滑翔阶段发生偏航，继而滚转，超出飞控系统的控制能力而失事。

2011 年 8 月 11 日，HTV-2 进行了第 2 次飞行试验，但同样在再入拉起阶段失去了联系。此后直至现在，美国也没恢复 HTV-2 的飞行试验，应该是有些技术难题仍没有解决。可见，即便是对于航空航天实力超群的美国，要研制再入速度在 20 倍声速左右的高超声速飞行器也是困难重重。

尽管在高超声速飞行器试飞过程中出现一系列失败，美国军方仍然没有停止在此方向上的工作。美国空军仍旧认为，实现超高飞行速度是作战行动中主要优先方向。

▶ 中层大气对高超声速武器的影响

前面介绍的两种导弹飞行区域都在临近空间，基本上在 30 千米左右，属于平流层的范围。平流层的风向基本上是水平方向的，但大小受各种因素的影响，包括太阳活动和下面的对流层变化。因此，风向和风速的不确定性、大气密度的不确定性、变化规律的不确定性，给制导系统的设计带来困难，因此也直接影响打击精度。

另外，平流层也是人类了解比较少的区域，因为在这个高度上缺少有效的探测手段。比较适合的方法是高空气球和平流层飞艇，但这两类探测手段发射数量有限，难以获得全球数据。这也是目前空间探测面临的新挑战。

高层大气对卫星轨道的影响

▶ 对轨道状态的影响

高层大气对航天器的影响主要表现在两个方面：一个是对航天器的轨道的影响，受到大气的阻力，航天器的轨道会发生改变，如果不维持，轨道就会衰变；二是高层大气中氧原子非常丰富，原子氧是非常活跃且腐蚀性很强的化学成分，它对航天器的表面材料、光学镜头等都有很大的腐蚀作用。

美国 STS-1 航天飞机在 1981 年 4 月 12 日飞行时，正好遇到大磁暴。4月 10 日太阳发生大耀斑，造成近地环境剧烈变化，使其下降到较低轨道的时间比预期的快 60%。

"哥伦比亚"号第 4 次飞行于 1982 年 7 月 4 日返回，而在 7 月 9 日的 X9 级耀斑使地磁场强烈扰动，幸亏采取了应对措施，否则后果将是严重的。

卫星的轨道受到各种扰动的影响，在近地点低于 2000 千米的低地球轨道，主要的影响是大气拽力。这个拽力使远地点距离逐渐减小，并逐步变为圆形，同时，轨道高度继续降低。在低于 200 千米以后，轨道衰减率急剧增加。在轨道低于 180 千米以后，轨道寿命只有几小时。

低轨卫星的轨道衰减率是大气密度的函数。而大气密度与太阳 10.7 厘米射电通量以及 Ap

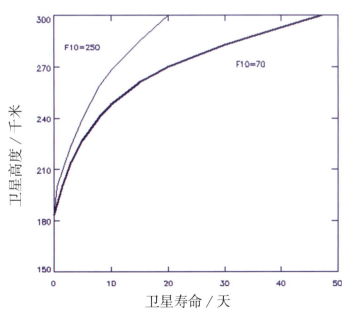

▲ 卫星寿命随太阳 10.7 厘米射电通量的变化

▲ 磁暴期间卫星轨道衰减过程

指数密切相关，当这两个参数增大时，大气密度增加。在太阳发生爆发性活动时，大气密度将会发生急剧的变化，因此在这种情况下，卫星轨道在短时间内会有明显变化。

　　太阳 10.7 厘米射电通量有十分明显的 11 年周期的长期变化特征，对长期飞行的航天器轨道、寿命产生严重影响。以"探险者"系列卫星为例，若初始高度为 500 千米，在太阳黑子数低值条件下能飞行 30 年的话，在黑子数高年条件下只能飞行 3 年。1973 年 5 月 14 日美国发射的天空实验室在 1974 年时，根据当时情况，预期太阳活动 21 周从 1977 年开始，预计在载人飞行后还能在轨道上运行近 9 年，最长估计在 1983 年末陨落。实际上太阳活动 21 周提前了，太阳黑子数和 10.7 厘米射电通量都急剧上升，1977 年末起，大气密度对空间站的阻力增加 6 倍，轨道衰变比预计的快得多。如不采取措施，太空实验室在 1978 年末或 1979 年初就会陨落。美国国家航空航天局虽然采取了一些措施，但它还是在 1979 年 7 月 11 日坠毁。1981 年美国"哥伦比亚号"航天飞机第一次飞行时，正遇到两天前太阳 X 耀斑等引起的大磁暴，发射时间在磁暴后 15 小时，来自太阳和磁层的充电粒子注入大气，引起温度剧增，由 1200K 升高到 2000K，使大气密度出现数量级的增加，造成航天飞机下降到较低轨道的时间比预计的快 60%，幸好带有足够的燃料并及时采取措施，才避免了一场灾难。

卫星轨道周期随太阳活动也有很大变化。从太阳活动的低年到高年，起始高度为 500 千米的"探险者"系列卫星其轨道周期差别为 30 倍。

几个小时到几天时间的轨道周期变化，对卫星的跟踪及确认各种飞行目标所需要的编目表的维护十分重要。磁暴期间从磁层带来的高能粒子沉降和源于磁层电场耗散引起焦耳热，使极盖区和极区增温，驱动大尺度风场，通过热传输，短时间内引起全球加热和大气密度增加，使航天器飞行发生异常，造成定位偏差，扰乱空间目标编目表，足以使地面跟踪系统丢失需要跟踪的大量飞行目标，1989 年 3 月强烈磁暴造成的灾害就是最典型的例子。

长期的卫星阻力预报误差主要受太阳活动周预报的限制；地磁暴和短期极紫外辐射的变化主要容易引起卫星阻力的短期预报误差。

▲ 媒体对 Skylab 提前坠毁的报道

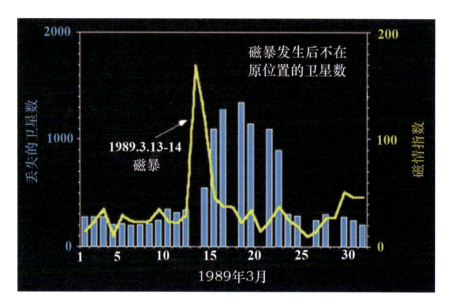

▲ 在 1989 年 3 月的大磁暴后跟踪目标丢失的情况
图中箭头处表示发生了大磁暴，蓝色矩形表示跟踪目标丢失的情况

▶ 空间碎片对航天器的撞击危险

空间碎片也称轨道碎片、太空碎片或太空垃圾，是指太空中一切无功能的，即不再能承担或恢复功能，或不再能够赋予其他功能的人造物体。根据欧洲空间局空间碎片办事处 2018 年 1 月公布的结果，自从 1957 年 10 月 4 日苏联发射第一颗人造地球卫星以来，人类已进行了 5400 多次火箭发射，这些火箭将大约 8650 颗航天器送入地球轨道，目前仍在轨的航天器约 4700 颗，其中有 1800 颗仍在运行。根据最新模型估计，目前在太空中大于 10 厘米的碎片 29000 颗，1 到 10 厘米之间的碎片 75 万颗，1 毫米到 1 厘米之间的碎片 1.66 亿颗；目前空间碎片的总质量超过 8100 吨。

碎片撞击航天器的相对速度平均可达每秒 10 千米，最高时达每秒 16 千米。各种尺寸的碎片都会对航天器造成危害，微小碎片累积效应会改变元器件的性能，撞击产生的等离子体会破坏航天器供电系统，如今，数以亿计的微小碎片已经成为影响航天器寿命的重要因素之一。

据美国国家航空航天局统计，因碎片撞击，航天飞机平均每次飞行要更换 1.41 块舷窗，航天员有时透过舷窗可以看到空间碎片飘移而过。在航天飞机第

105 次飞行期间，其表面有 144 处受到撞击，其中撞击尺寸大于 2.54 厘米的有 25 处，腹部受撞击有 118 处，尺寸大于 2.54 厘米的有 15 处。

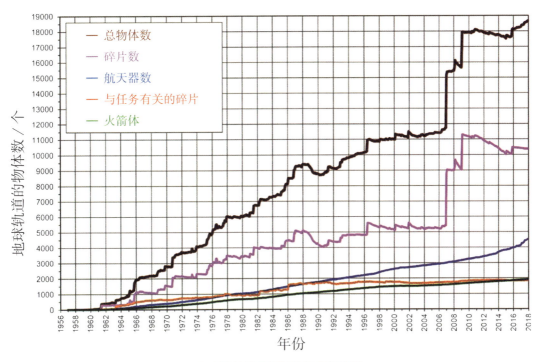

▲ 太空碎片数量随年份的变化趋势

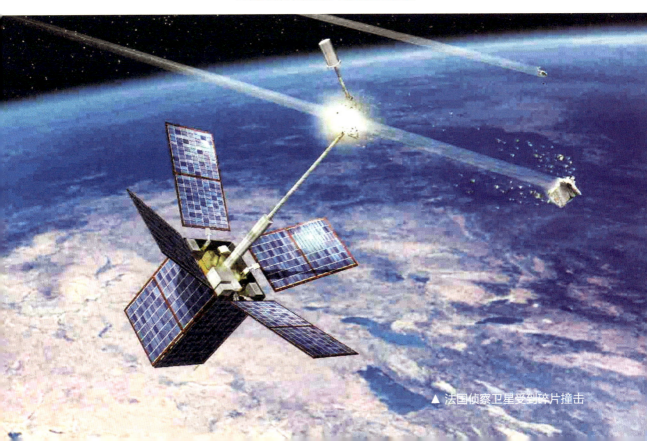

▲ 法国侦察卫星受到碎片撞击

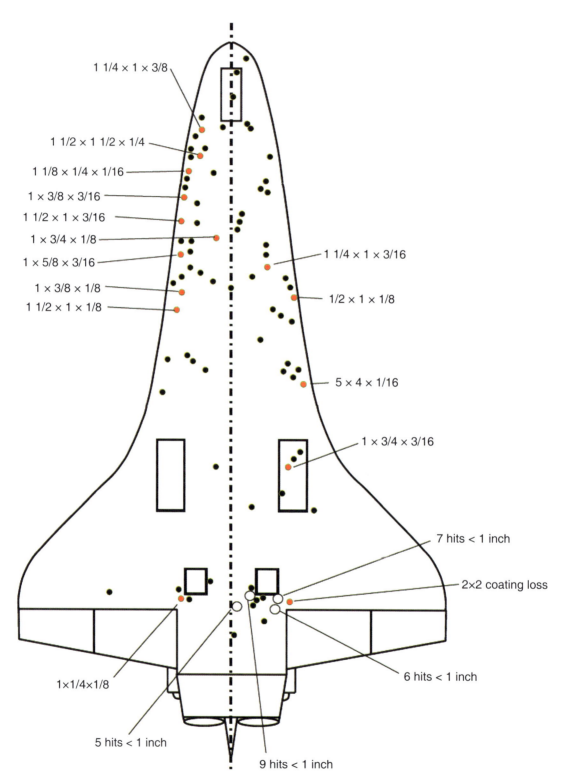

1 1/4 × 1 × 3/8
1 1/2 × 1 1/2 × 1/4
1 1/8 × 1/4 × 1/16
1 × 3/8 × 3/16
1 1/2 × 1 × 3/16
1 × 3/4 × 1/8
1 × 5/8 × 3/16
1 × 3/8 × 1/8
1 1/2 × 1 × 1/8

1 1/4 × 1 × 3/16
1/2 × 1 × 1/8
5 × 4 × 1/16
1 × 3/4 × 3/16

7 hits < 1 inch
2×2 coating loss
6 hits < 1 inch
1×1/4×1/8
5 hits < 1 inch
9 hits < 1 inch

▲ 美国航天飞机第 105 次飞行期间受到的撞击

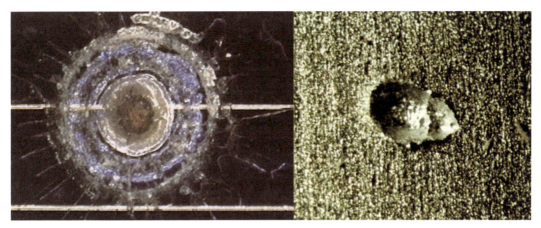

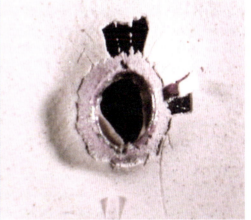

▲ 微流星体与太空碎片在卫星表面产生的坑

1999 年 6 月，美国"发现号"航天飞机飞行 10 天后返回地面，共发现 64 处撞击痕迹。

苏联"和平号"空间站公布的图片清晰显示，"和平号"陨落前已经被空间碎片撞得千疮百孔。

较大碎片的撞击会使航天器破裂、爆炸、结构解体，这种撞击在目前的概率极小，一旦撞上将是灾难性的。迄今为止人类通过轨道计算确认了三起严重的太空相撞事件：

1991 年 12 月底，一颗失效卫星"宇宙 1934"撞上了另一颗卫星"宇宙 926"释放出来的大碎片，前者一分为二，后者零碎到无法跟踪。

1996 年 7 月 24 日，欧洲空间局的一块"阿丽亚娜 H-10"火箭残骸，以每秒 14 千米的相对速度撞断了法国一颗正在工作的电子侦察卫星的重力梯度

稳定杆，后者翻滚失效。

2005年1月17日，在太空中飞行了31年的美国"雷神"火箭废弃物和中国6年前发射的"长征四号"火箭残骸，以每秒5.73千米的相对速度碰撞，"长征四号"火箭残骸的近地点轨道下降了14千米，美国的火箭废弃物一分为四。可以确信，未来类似的撞击会越来越多。

航天器在寿命到期的时候再入大气层，如果燃烧不完全，依然会对人类构成威胁。1978年1月24日，苏联带有核动力的雷达卫星在加拿大西北上空解体，500多块带有放射性的碎片，撒落在800千米长的地带上，带来极为严重的后果。1997年1月22日，一个火箭的燃料储罐再入大气层时没有完全烧毁，陨落在美国的得克萨斯州。

什么叫弹道导弹

▶ 弹道导弹的轨道

一般来说，弹道导弹（Ballistic Missile）是指在火箭发动机推力作用下按预定程序飞行，关机后按自由抛物体轨迹飞行的导弹。其飞行弹道一般分为主动段和被动段。主动段（又称动力飞行段或助推段）是导弹在火箭发动机推力和制导系统作用下，从发射点起飞到火箭发动机关机时的飞行路径；被动段包括自由飞行段和再入段，是导弹按照在主动段终点获得的给定速度和弹道仪角做惯性飞行，到弹头起爆的路径。

▲ 常规弹道导弹的轨道

常规弹道导弹的轨道有一个缺点，即对方的雷达只要能探测到导弹，就能很快计算出其运行轨道，为反导系统做准备。

民兵洲际弹道飞弹（LGM-30G Minuteman-III）是美国的一种陆基洲际弹道导弹，隶属美国空军全球打击司令部，是美国核三位一体攻击战力的陆基打击环节。LGM 中的"L"代表"发射井发射"，"G"代表"打击地面目标"，"M"代表"导弹"。

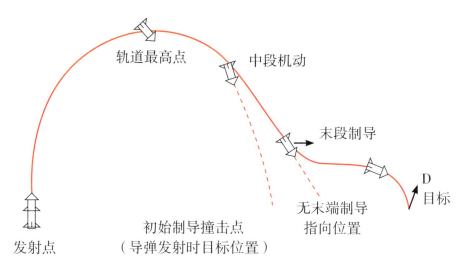

▲ 带有中段机动的轨道

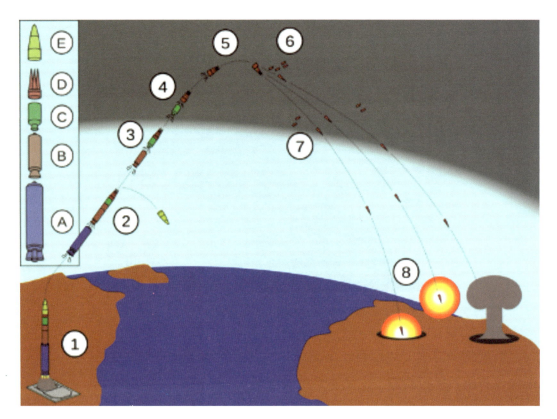

▲ LGM-30G 民兵洲际弹道飞弹

①第一级火箭（A）点火，导弹飞出发射井；②大约60秒后，一级火箭分离，二级点火（B），导弹整流罩（E）抛出；③大约在发射120秒后，第三级发动机（C）点火，二级火箭分离；④发射180秒后，第三级发动机工作结束，后助推运载具（D）与火箭分离；⑤后助推运载具机动，载入运载具（RV）准备展开；⑥运载具、诱饵和金属箔片散开；⑦运载具和诱饵高速再入大气层并准备作战；⑧核弹头在空中或在地面起爆。

▶ 主动段特征

主动段是从导弹起飞到火箭发动机关机的一段飞行弹道。该弹道段内导弹的运动特性是：导弹靠发动机推进，由飞行控制系统操纵，按照预定的飞行程序和预先设计好的轨道飞行。从火箭发动机点火开始，飞行时间 3~5 分钟不等，燃料燃烧完的速度通常为 4 千米 / 秒（固态燃料火箭的推进加速阶段短于液态燃料火箭），本阶段结束时导弹一般处于距地面 150 到 400 千米的高度（依选择的弹道不同而变化）。主动段的水平距离仅占全射程的 5 % 左右，而且射程越大所占比例越小，弹道导弹的射程在很大程度上取决于主动段终点（发动机关机点）的参数。

导弹发射前，可在假定标准环境条件的前提下计算出标准速度、标准位置和标准关机时间。但由于实际环境条件与标准环境条件存在偏差，致使实际弹道偏离标准弹道。为使在关机点处的实际飞行状态参数与标准飞行状态参数趋于一致，一般通过摄动制导进行控制调整，但前提是必须保证实际弹道与标准弹道之间的偏差很小。这就是说，导弹在飞行过程中，承受环境因素干扰的能力有一定限度。导弹在动力飞行段会受到很多的有时是很强烈的环境因素干扰。例如，当环境温度和压力显著偏离标准状态时，会因直接影响发动机推力而间接影响关机点处的飞行状态参数；当导弹穿越强急流、强湍流、强风切变的大气流场时，会因过载而导致飞行姿态失衡，使其偏离标准弹道。电磁场的异常变化，可使导弹上的电气装置和制导系统失灵。

▶ 被动段特征

从主动段关机点直到落点或某预定引爆高度的一段弹道称为被动段。在被动段中，自主动段终点至重返大气层前的一段弹道称为自由飞行段；重返大气层之后的一段弹道称为再入段。自由飞行段内的空气动力可以忽略，作用在导弹上的力只有重力，导弹靠惯性飞行，但这并不排除空间环境条件的干扰，如环境温度的变化、电磁场的变化以及空间碎片的撞击等。对于具有中段制导的弹头来说，稠密大气层外的空间环境对制导系统的影响不亚于稠密大气层。再

入段弹头运动特性的突出特点是：弹头以超高声速重返大气层做下落飞行，因受到强大的气动阻力而产生很大的过载，并因强烈的气动热及粒子云侵蚀而剧烈增温。再入段的起点因大气层的上界没有确切的定义，所以也没有统一的规定，一般在 80~100 千米高度处大气对再入弹头的运动参数即可开始产生影响，故通常取 80 千米作为再入段的起点。

在自由飞行段的末端，携带多弹头重返大气层载具或者是分导式多弹头的洲际弹道导弹会释放出携带的子弹头，以及金属气球、铝箔干扰丝和全尺寸诱饵弹头等各种电子对抗装置，以欺骗敌方雷达。

弹头在再入段的生存能力和运动状态直接关系着预定的火力计划能否实现，而这在很大程度上取决于环境条件。如环境气压和空气密度直接影响过载引信的引爆高度，环境气温和粒子云直接关系着弹头的烧蚀和侵蚀程度。

中高层大气对弹道导弹的影响

▶ 对主动段的效应

从前面关于弹道导弹动力飞行段的运动特性及其对环境的依赖性的简单分析中知道，主动段终点关机点处的导弹飞行状态参数对于导弹的命中精度举足轻重。而关机点的高度一般都在 60 千米以上，已属于空间天气学所研究的范围了，故关机点处的导弹飞行状态参数与该处的空间天气情况有着密切的关系。在主动段终点关机点处的导弹飞行状态参数中，最重要的是弹箭分离时刻的速度。据某型洲际弹道导弹的标准弹道计算，在关机点高度为一定的情况下，当关机点处的飞行速度分别为每秒 6 千米、7 千米、8 千米时，其射程分别为 6000 千米、9000 千米和 16000 千米。

影响导弹动力飞行速度的主要因素在于火箭发动机的推力。推力分为两部分：动推力和静推力。动推力主要与发动机本身的性能有关，而受环境条件影响最大的主要是静推力。

空间电磁辐射及粒子辐射异常变化，不仅导致空间环境温度的异常变化，同时亦导致环境压力场的变化。当实际的环境大气压强与装定值存在较大偏差时，就会使静推力受到很大影响。在主动段，大气压强偏差对导弹打击精度的影响为首要因素。

▶ 对自由飞行段的效应

在该弹道段内，导弹战斗部（弹头）已脱离运载系统。战斗部按其飞行方式分为无控和有控两类。为了保证战斗部的安全性，在设计上都使其具有一定的防护能力，如热防护能力。同时战斗部还应具有较强的目标敏感性，尤其是触发式和电引爆式弹头。弹头在约占整个射程 90% 的自由段飞行中，受磁暴和空间碎片的威胁较大。磁暴所造成的强电弧和电磁脉冲可严重危害弹头上电

子装置的正常工作。对有控飞行弹头来说，最大威胁是无法精确制导。高压放电可击穿介质表面，损坏电子器件和线路。导弹弹头火工品和引爆装置都会受到影响而危及其生存。

▶ 对再入段的效应

空间天气对再入段的影响，主要表现为通过对再入段大气层的影响而间接影响弹头在再入段的飞行和弹头爆高。弹头以超高声速再入大气层，需承受严重的气动加热和气动过载。其中气动热与环境温度和环境空气密度有关，一般情况下，由于弹头具有防热结构，轻易达不到将弹头烧毁的程度。只有在弹头穿越严重的粒子云环境时，气动热加上粒子云侵蚀，可使弹头受到严重损坏。

气动过载主要与环境大气密度有关。弹道导弹的弹头多使用过载引信，其大气参数的装定值一般采用标准大气，当实际的大气参数与装定值存在偏差时，即产生爆高误差，从而不能实现预定的火力计划。再入段由于某一高度层内大气密度或风场的误差所造成的落点偏差与该层大气密度、标高和风场等大气参数有关。密度的影响比风场的影响大得多，若 70 千米以下的大气密度误差为 10%，则爆高误差达 1 千米。

此外，中、高层大气参数特别是大气密度对导弹突防系统中的诱饵识别也非常重要。由于弹头、诱饵的弹道系数不同，使诱饵很容易在高空被大气层过滤而被识别，弹头很快成为攻击的主要目标，毁伤效果很可能成为零。高层大气密度在中等磁暴期间，一些区域的大气密度可增加 20% 以上。这样大的密度变化，如果在确定射击诸元时不加以修订，打击精度、效果便无从谈起。

中高层大气对粒子束武器的影响

▶ 什么是粒子束武器?

所谓粒子束武器,指的是通过特定的方法将电子、质子或离子加速到接近光速,聚集成密集的束流,然后直接射向目标,以束流的动能或其他效能杀伤和破坏目标的武器。粒子束武器发射出高能定向强流、接近光速的亚原子束(带电粒子束和中性粒子束)用来击毁卫星和来袭的洲际弹道导弹。即使不直接破坏核弹头,粒子束产生的强大电磁场脉冲热,也会把导弹的电子设备烧毁,或利用目标周围发生的伽马射线或 X 射线使目标的电子设备失效或受到破坏。带电粒子束武器在大气层内使用。中性粒子束武器在大气层外使用,主要用于拦截助推段和中段飞行的洲际弹道导弹。

俄、美正在研究的粒子束武器有两种:一种是地基带电粒子束武器,一种是天基中性粒子束武器。

大气层内的带电粒子束,其特点是粒子束流为电子束流,而不是中性束流。在大气中,它虽有衰减,但可以传导而且宜于使用。在大气层外的真空状态,由于带电粒子之间的斥力,带电粒子束会在短时间内散发殆尽,因此中性粒子(中子)束更适合在外层空间使用。

粒子束武器一般由粒子加速器、高能脉冲电源、目标识别与跟踪系统、粒子束精确瞄准定位系统和指挥控制系统等组成。

加速器是粒子束武器的核心,用来产生高能粒子,并聚集成密集的束流,加速到使它能够破坏目标。目标识别与跟踪系统主要由搜索跟踪雷达、红外探测装置及微波摄像机组成。探测系统发现目标后,目标信号经数据处理装置和超高速计算机处理后,进入指挥控制系统,根据指令,定位系统跟踪并瞄准目标,同时修正地球磁场等的影响,使粒子束瞄准目标将要被击毁的位置,然后启动加速器,将粒子束发射出去。

粒子束武器的杀伤机理就是利用高能粒子将大量能量在短时间内传递给目

▲ 苏联在 20 世纪 60 年代研制的粒子束武器

标，通过高能粒子与目标物质发生的强互相作用来达到杀伤目的。

粒子束的毁伤作用表现在：（1）使目标结构汽化或熔化；（2）提前引爆弹头中的引信或破坏弹头的热核材料；（3）使目标中的电子设备失效或被破坏。

粒子束既可实施直接穿透目标的"硬杀伤"，也能实施局部失效的"软杀伤"。带电粒子束对目标的穿透能力极强，能量集中，脉冲发射率高，能快速改变发射方向。中性粒子束还可对目标周围产生的中子、伽马射线、X 射线进行遥测，实现对目标的识别。

粒子束武器的研制难度比激光武器大，但作为天基武器比激光武器更有前途。其主要优点是：（1）不用光学器件（如反射镜）；（2）产生粒子束的加速器非常坚固，而且加速器和磁铁不受强辐射的影响；（3）粒子束在单位立体角内向目标传输的能量比激光大，而且能贯穿目标深处。

▶ 空间天气对粒子束武器的影响

粒子束武器的缺点主要有:(1)带电粒子在大气层中传输时,由于带电粒子与空气分子的不断碰撞,能量衰减非常快,而中性粒子不能在大气中传播;(2)带电粒子在大气中传输时散焦,因此在空气中使用的粒子束,只能打击近距离目标,而中性粒子束在外层空间传输时也有扩散;(3)受地球磁场的影响,会使粒子束弯曲,从而偏离原来的方向。

空间天气对微波武器的影响

▶ 什么是微波武器

▲ 微波武器

微波武器又称射频武器。它是利用超高频微波发射机和高增益定向天线发射高强度的、汇聚的微波射束来杀伤人员和武器装备的装置。美国非常重视微波武器的发展。据报道，海湾战争刚开始数小时，美海军就首次使用了微波武器，由"战斧"巡航导弹携带微波弹头来破坏和摧毁伊拉克的电子系统（包括防空武器的指挥和控制系统）。

等离子体实验室

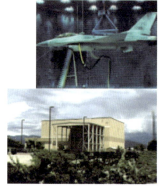

高能微波实验室

高能研究与技术实验室

电子研究实验室

电磁能量效应实验室

▲ 美国开展微波武器研究的机构

微波武器与其他的定向能武器不同。它不需要微波直接瞄准目标，对目标进行的是软杀伤，用来干扰或烧毁目标武器系统的电子元件、电子控制及计算机系统等。造成这种破坏效应所需的能量要比激光武器小几个数量级。另外，由于微波射束打击的范围大，从而对跟踪、瞄准的精度要求也就相对较低，这既有利于对近距离目标实施快速攻击，也有助于降低费用，同时其技术难度相应要小得多。

强大的微波汇聚在窄波束内，可用于攻击军事卫星、洲际弹道导弹、巡航导弹、飞机、舰艇、坦克、C^4I 系统以及空中、地（海）面上的雷达、通信和计算机设备，尤其是指挥通信枢纽、作战联络网等重要的信息战节点和部位，使目标遭受物理性破坏，并丧失作战效能。使用微波武器压制和摧毁武器系统的电子设备会比用普通的杀伤爆破弹取得更好的效果。

根据核爆炸的电磁脉冲效应，对核武器加以改造，使其在爆炸时，将更多的能量转换为电磁脉冲，以这样的原理研制的微波武器属于战略微波武器。它作为电子战压制武器，用于在战略、战役纵深内对武器系统电子设备的压制。根据激光效应和带电粒子束效应或利用普通炸药、火箭推进剂、碳氢化合物燃料燃烧时释放的化学能转换为脉冲电能的原理研制的微波武器属于战术微波武器。

微波武器的杀伤作用主要体现在以下三个方面：

1 ｜ 杀伤人员。这一杀伤机理分为"非热效应"和"热效应"。非热效应指当微波照射强度低时，使导弹和雷达的操纵人员、飞机驾驶员以及炮手、坦克手等的生理功能紊乱（如烦躁、头痛、记忆力减退、神经错乱以及心脏功能衰竭等）。热效应指在高频率微波照射下，人的皮肤灼热、眼白内障、皮肤内部组织严重烧伤和致死等。

微波武器的另一个特点是，只要目标的缝隙大于微波的波长，它就可以经过这些缝隙进入目标的内部，还可通过玻璃或纤维等不良导体进入驾驶舱内，杀伤里面的人员。

2 ｜ 破坏各种武器系统中的电子设备，使其丧失作战效能，又称非核电磁脉冲效应。当微波的功率密度为 $0.01 \sim 1\ \mu W/cm^2$ 时，可以干扰相应频段的雷达、通信、导航设备的正常工作。$0.01 \sim 1\ W/cm^2$ 时，可使探测系统、C^4I 系

统和武器系统设备中的电子元器件失效或烧毁。10～100 W/cm² 时，高频率微波辐射形成的瞬变电磁场可使金属表面产生感应电流，通过天线、导线、电缆和各种开口或缝隙耦合到卫星、导弹、飞机、舰艇、坦克、装甲车辆等内部，破坏各种敏感元件，如传感器和电子元器件，使元器件产生状态反转、击穿，出现误码、记忆信息抹掉等。强大的电磁辐射会使整个通信网络失控，这是因为大脉冲功率超过敏感元器件的额定值，设备会因过载而造成永久性毁伤。如果辐射的微波功率足够强，则装备外壳开口与缝隙处可以被电离，从而变成良导体。10^3～10^4W/cm² 时，会在很短的时间内使目标受高热而破坏，甚至能够提前引爆导弹中的战斗部或炸药。

3 │ 能够攻击隐身武器。隐身武器除了具有独特的气动外形设计以减少雷达反射波之外，更重要的是采用吸波材料，吸收雷达要探测的电磁波。如美国的 B-2 隐身轰炸机不仅机体采用吸波材料，而且机体表面也涂有吸波涂料。高频率微波的强度和能量密度要比雷达微波高几个数量级。高频率微波源的发射功率足以抵消气动外形设计和吸波涂层的隐身效果，轻者可使机毁人亡，重者甚至可使武器即刻熔化。

高功率微波武器还能破坏反辐射导弹的制导系统，使其偏离航向。

微波武器具有一系列的优点，如近于全天候的运用能力；波束比较宽，对波束的瞄准没有太高的要求，可以同时杀伤多个目标。微波武器类似雷达系统，只不过具有更高的功率，因此有可能设计一种系统，让其首先探测和跟踪目标，然后提高功率杀伤目标，并且全部以光速进行。微波武器的毁伤效应是完全看不见的，因此有利于隐蔽使用。

▶ 空间天气对微波武器的影响

微波是电磁频谱的一部分，微波在中性大气层或电离层中传播时，会受到这些介质状态的影响。

1 │ 微波穿过大气层传播时，要受到电击穿、绕射和衰减的影响，受影响的程度与微波束的强度、频率、脉冲宽度及空气条件有关。在通常大气压下，空气介质被电击穿的功率密度为 10^5～10^6 W/cm²，此时微波脉冲宽度大于数个纳秒。

大气中的水蒸气、氧气和雨水对微波具有吸收作用。当微波频率在 22 吉赫兹、185 吉赫兹时会被水蒸气吸收，在 60 吉赫兹、118 吉赫兹时会被氧气吸收。在战术微波武器 1~100 千米的作用距离内，在以上频率处附近有衰减。

即使一个校准得很好的微波束也会随发射距离的增加而扩散。采用高频率和大直径的天线可以减少这种绕射效应，所以一般天线对固定发射装置为 10米，对移动发射装置为 3 米。

2 | 当太阳发生爆发性活动时，电离层的状态也将发生急剧的变化，这些变化会导致微波被吸收、衰减、折射和反射，削弱微波作为武器的效能。

知识总结

写一写你的收获

第 4 章

电离层对**军事**的影响

电离层是空间天气的重要组成部分，处于地面以上
60~1000千米之间。这一范围内的地球大气吸收太阳辐射
而电离，形成自由电子和离子。本章重点介绍电离层的基本
特征以及对电磁波的影响，介绍电离层对综合电子信息系统
以及导航定位系统的影响。

現代**战争**与空间天气

电磁波在电离层中的传播

▶ 电离层基本特性

电离层是空间天气研究的重要部分，处于地面以上60～1000千米。这一范围内的地球大气吸收太阳极紫外线及软X射线谱段的辐射而电离，形成自由电子和离子，但仍然还有相当多的大气分子和原子未被电离，特别在500千米以下，电子和离子的运动除部分地受地磁场影响外，还因碰撞而显著地受背景中的中性成分所制约。与此同时，电离成分吸收了使之电离的那部分太阳辐射能量，并在碰撞时部分地把这些能量传递给中性成分。从大约80千米以上，由于空气非常稀薄，热容量相当小，故中性成分的温度显著提高，因此，在同

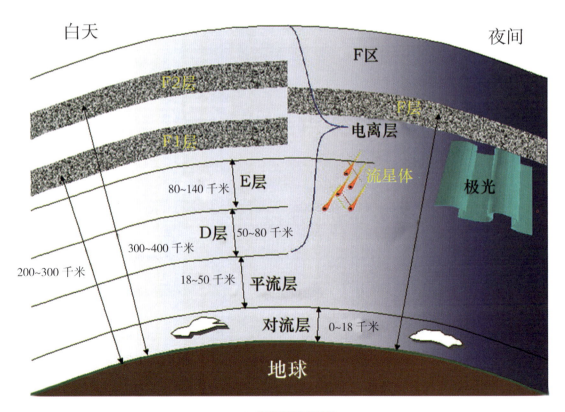

▲ 电离层垂直结构

一高度范围内，电离部分称为电离层，中性背景则称为热层。电离层与热层强烈地耦合，形成了电离层重要的特点之一。事实上，从电离层向外直至若干个地球半径的范围内，地球大气都是电离的，但大气本身越来越稀薄，电离程度也越来越高，几千千米以外的大气是完全电离的，不存在背景中性成分，电离气体的运动完全受地磁场的控制，其表现形式与电离层中有很大差别。因此，通常把部分电离的大气称为电离层，把比它更高的、完全电离的部分称为磁层。

根据电子密度的垂直分布特征，可将电离层分成几个不同的层：

D 层：高度范围是 50~80 千米。由于高度较低，大气较稠密，电子与中性粒子及离子的碰撞频率较高，无线电波在这一层中的衰减严重，形成 D 层的主要电离辐射是太阳的莱曼辐射。主要的正离子成分是 CO^+ 和 O^{2+}。夜间 D 层基本消失，只有微弱的宇宙线辐射使 D 层下部维持较低的电子密度。

E 层：高度范围是 80~140 千米。E 层的特点是电子密度及高度随太阳天顶角及太阳黑子数变化。形成该层的主要电离辐射是太阳软 X 射线和紫外线。该层主要正离子成分是 O2+ 和 CO+。夜间 E 层基本消失。

F1 层：夏季白天在 F 层下部分裂出来的层次。在春、秋季有时也出现。高度范围是 160~180 千米。在不同地磁纬度，F1 层电子密度也不同，在磁纬 20° 处有极大值，在磁赤道上空有极小值。形成 F1 层的主要电离辐射是波长为 30.4 纳米的太阳紫外线辐射。

F2 层：电离层中持久存在的层次，最大电子密度所处的高度在 300 千米左右。F2 层受地磁场的强烈控制。电子密度分布随纬度变化。形成 F2 层的主要电离辐射是太阳远紫外线辐射。主要离子成分是 O^+。

极光现象发生在电离层大约 100 千米高度的区域，是由高能粒子撞击大气层气体而产生的。在夜间，电离作用的阳光不存在，产生极光的粒子也可能是局地电离层的主要源。由于带电粒子影响大气层导电性质，因此它们是空间天气的重要组成部分。

电离层和热层强烈地耦合，尤其表现在动力学过程方面。在地球白天的低、中纬，热层中性风穿过磁力线移动导电的电离层等离子体，驱动了大气层发电机，产生 Sq（太阳静日）电流系和赤道电急流（在 E 区沿着磁赤道的东向强电流）。另一方面，在极区，在极盖的离子漂移响应影射的磁层对流电场，牵制

中性气体，在高纬 F 区产生速度高达 1500 千米 / 时的中性风。

电离层也与磁层强烈地相互作用。这个相互作用的中心方面是通过大尺度场向电流（沿磁力线流动的电流）的电动耦合效应。场向电流的载体是沿着磁力线向下沉降的极光电子和向上流动的电离层电子。前者携带相当大的能量进入高层大气，对电离层和中性大气都有明显的效应。除了激发极光发射之外，极光电子沉降还增加了高纬电离层的等离子体密度和电导率，提供了加热高层大气的兆瓦级的能量，极大地影响了全球热层风的形态。

电离层随高度、纬度、经度、世界时、太阳周期和地磁活动明显变化。这个变化涉及所有电离层性质，包括电子密度、离子和电子温度、电离层成分和动力学。这主要是电离层与日地系统的其他区域耦合的结果，包括太阳、行星际介质、磁层、热层和中层。对电离层来说，主要的等离子体和能量来源是太阳极紫外线和紫外线辐射，但磁层电场和粒子沉降也有重要影响。磁层效应部分地由太阳风动力压力和行星际磁场的取向决定。同样，从中间层向上传播的潮汐和引力波也影响热层中性气体密度，进而影响电子 / 离子产生和损失率。各种驱动机制与确定全球电子密度分布一致，但也有重要的时间延迟和伴随着耦合过程的反馈机制。外驱动机制也可以是局地、空间结构化和不稳定的。

电离层对 C⁴ISR 系统的影响

▶ 什么是 C⁴ISR 系统

C⁴ISR 系统包括指挥（Command）、控制（Control）、通信（Communication）、计算机（Computer）、情报（Intelligence）、监视（Surveillance）和侦察（Reconnaissance），综合起来称为综合电子信息系统。C⁴ISR 被看作军队的大脑和神经。

综合电子信息系统经历了发展和完善的过程。20 世纪 50 年代指挥自动化被称为 C^2（指挥与控制）系统。20 世纪 60 年代，随着通信技术的发展，在系统中加上"通信"，形成 C^3（指挥、控制与通信）系统。1977 年，美国首次把"情报"作为指挥自动化不可缺少的因素，并与 C^3 系统相结合，形成 C^3I（指挥、控制、通信与情报）系统。后来，由于计算机在系统中的地位和作用日益重要，指挥自动化又加上"计算机"，变成 C^4I（指挥、控制、通信、计算机和情报）系统。近年来不断发生的局部战争使人们进一步认识到掌握战场态势的重要性，提出"战场感知"的概念，因此 C^4I 系统又进一步演变为包括"监视"与"侦察"的 C⁴ISR（指挥、控制、通信、计算机与情报、监视、侦察）系统。

综合电子信息系统也是根据战争的需要而发展起来的。1991 年的海湾战争中，伊拉克的"飞毛腿"发射完导弹就逃之夭夭。美军的预警卫星发现目标后，把信息传送给有关部门，经分析辨别，再传给指挥机关，再向部队下达作战命令。等作战飞机匆匆赶来时，"飞毛腿"早已消失得无影无踪。

但在 12 年后的伊拉克战场上，"飞毛腿"升空仅仅 12 秒，就被美军导弹预警卫星发现。信息被及时传回位于美国本土的北美航天司令部，数据处理中心很快计算出必要的作战数据，然后迅速传回部署在科威特的"爱国者"防空导弹指挥中心。从"飞毛腿"升空到被"爱国者"防空导弹击中，前后不到 100 秒。这次行动看似是"爱国者"立了头功，但真正"指点江山"的，却是

它身后分布在全球的 C⁴ISR 系统。

这个系统不是单一的武器装备，也不是单一的指挥系统，它包括侦察卫星、雷达、无人机、探测器等信息采集设备，包括通信卫星、光端机、交换机、电台、网络等信息节点、通道和中枢，包括各军兵种的各级、各类指挥机构的软、硬件设施，还包括飞机、军舰、坦克、装甲车、导弹车等作战平台中的信息单元。

C^4ISR 系统的出现，没有为大炮扩展射程，也没有为军舰增强火力，更没有为飞机提高速度、给导弹增加当量，但是它却使得军队的整体实力得到了全面的提升，成为军队夺取信息化战争胜利的新的制高点。

C^4ISR 系统如此神奇，主要依靠四大关键技术：

首先是系统体系结构设计技术。它是一种渗透在系统内部的规范、标准、协议等"法规"，其体系结构框架包括作战体系结构、系统体系结构和技术体系结构三个部分，为实现各军兵种部队的互联互通互操作奠定了基础。

实现 C^4ISR 整体功能的第二种关键技术是综合集成技术。

▲ 美国的 C⁴ISR 系统

苏联的米格 -25 战斗机的各项技术在当时并非最先进的，其机载电子设备一度采用电子管。但是，运用系统工程原理，将已有航空技术进行综合集成后，战术技术性能获得惊人的突破，整体性能足以与当时先进的美军 F-14 战机抗衡。

C⁴ISR 系统运用集成技术，将战场指挥控制系统、通信系统、情报监视侦察系统，以及其他信息保障系统等集成为一体，最大限度地发挥了指挥自动化系统的整体效能，使集成后的 C⁴ISR 系统整体性能达到最优。

实现 C⁴ISR 整体功能的第三项关键技术是辅助决策技术。它借助计算机等先进设备，综合运用数据库、专家系统和作战模拟等技术手段，帮助作战参谋人员进行作战信息处理，辅助指挥员实施作战指挥决策，具有科学、高效等特点。

实现 C⁴ISR 整体功能的第四项关键技术是信息融合技术。现代信息战场，情报来源多种多样。如太空的侦察卫星，空中的侦察飞机，地面的侦察车，

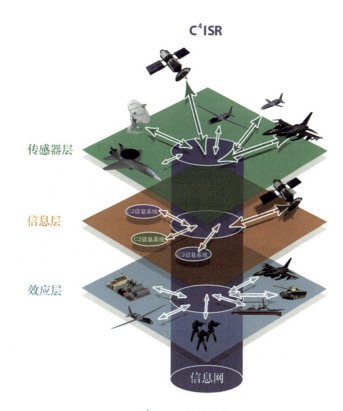

▲ C⁴ISR 系统的功能

水面舰艇的雷达，水下的声呐，还有来自侦察分队、情报人员获得的情报等。这些数据和信息并不是越多越好。因此，要借助计算机及综合数据库等手段，对信息进行选择、比较、分析、甄别、融合，将信息转化为有价值的情报，迅速形成统一的战场态势信息，并通过显示设备，直观地展现在指挥员面前。

C⁴ISR 系统使导弹变得精准，使战场变得透明，使三军行动更加协调，战争也将因此走进全新的信息化时代！

▶ C⁴ISR 系统在现代战争中的应用

C⁴ISR 系统第一次在人类战争中崭露头角是在 1991 年的海湾战争中。在那次战争中，美军第一次使用 C⁴ISR 系统完成了整个战争的指挥。

如果说美军现在要空袭伊军的某个指挥所，按照以往的战争模式，首先需要侦察部队前往进行目标侦察，然后将信息反馈给指挥中心，再由指挥中心制订空袭计划，下发命令到参战飞机，最后由参战飞机完成最后一击。整个任务流程即使全部由空军完成也需要一天或者十几小时。使用 C⁴ISR 系统后，情况就不一样了。

▲ 美国空军的网络战指挥与 C⁴ISR 系统

还是这个目标，派出地面或者空中侦察部队进行目标确认，然后通过网络将目标信息直接传递给攻击部队，这些信息包括目标坐标、图像等。攻击部队可以随时在战区待命，接到信息后直接发起精确打击。整个过程顺利的话几分钟就可以完成。

▲ C^{4}ISR 系统在战场上的应用

所以说，C^{4}ISR 系统在交战即时性上获得了极大的提高。攻防速度的转换是老式军队所无法比拟的。

再说一个例子。战斗开始后，坐在指挥中心的指挥官距离战区可能几百甚至上千米。通过 C^{4}ISR 系统强大的信息集中、分析能力，他可以随时掌握战场上的情况。通过侦察部队他可以了解敌军的动向，通过网络信息终端他可以了解己方部队的部署情况，甚至随时可以获得来自战场上的情报。更夸张的是，作为战区指挥官他可以通过 C^{4}ISR 系统精确指挥到连甚至排，未来甚至是单兵的作战单位，这样一来作战的灵活度和反应速度将快到可怕。指挥官可以随心所欲地指挥作战单位在可能的情况下打击敌方的任何目标和节点，并使目标彻底瘫痪。

其实，C^4ISR 系统说白了就是一个巨大的信息网络。美军目前的网络中心战的基础就是 C^4ISR 系统。利用网络的信息传输方式和速度，一个士兵的电脑，通过网络可以了解到周围友军和敌人的部署情况，一架战机可以随时了解目标周围的防御情况，以及敌机的动态。想想看，这样一支军队挑战传统指挥模式下的军队简直轻而易举。你还在行军，敌人已经发现你了；你还在展开，敌人的火力已经打到你的头上；你准备补给，可你的运输线已经被敌人打得千疮百孔。

其实 C^4ISR 系统还可以有很多用途和发展。当然，它并不是没有弱点的。一是它易受攻击，生存能力弱。由于精确打击技术、反卫星技术和"黑客"技术的发展，在先进作战理论的牵引下，C^4ISR 系统将是兵家打击的重点目标。二是它的互通性能差。由于美国各军兵种长期以来各自为政，并且受战略武器的特性所限，美军战略、战术与盟军的 C^4ISR 系统之间的相互沟通有一定的困难。

在 21 世纪的第一个十年，美军已经对 C^4ISR 系统的弱点进行了大规模的弥补。拿兼容性来说，美军已经成立了若干联合指挥部，平时没有直属部队，一旦有战事，不分兵种统一归指挥部指挥，在同样的数据链支持下，可以说不兼容已经得到初步解决。

而在易攻击方面，相对封闭的军事网络能极大避免来自黑客的打击。但是一旦到了战场上就不好说了，这就是为什么各国都在大力建设网络部队的原因。

▶ 电离层对 C^4ISR 系统的影响

C^4ISR 系统是统帅部和指挥员对部队实施战略和战术管理的全新的管理系统，利用它可以合理地调动和部署兵力，充分发挥武器系统的效能，做到知己知彼，运筹帷幄，决胜于千里之外。C^4ISR 系统最关键的部分是通信，此类通信系统带有综合性，它由各种不同的通信系统组成。为了能保证 C^4ISR 系统的正常运转，对包括电离层在内的大气环境必须进行全面的监测。这种环境监测带有全球性、立体性和协调性特征，所有这一切均取决于介质的特性，包括对流层、电离层和磁层，它们具有地理分布上的复杂性和时变特征。C^4ISR 系统各部分之间需直接沟通，要求能随时随地、综合、精确地报告和预测敌我双方的通信、导航、定位、预警能力，兵力部署和态势，以及与此有关的大气环境状态和航空、航海、航天条件。特别是环境

▲ 加拿大的 C⁴ISR 系统

估算目标系统要实时地或准实时地采集数据，迅速地发布数据，随时地信息合成，以及为独特的用户处理成适合应用的形式，还要不断地实现信息反馈和咨询，这一系统本身实际上也是一个 C⁴ISR 系统。

可以这样说，C⁴ISR 系统的每一方面都受到电离层状态变化的影响。这里重点介绍电离层变化对导航与定位系统的影响。

电离层状态的变化对电磁波的传播将产生衰减、折射和闪烁等效应。闪烁会导致卫星通信出现误码和错码，将使导航与定位出现差错。严重的折射，将使电磁波的传播路径发生变化，直接导致导航与定位出现大的误差。下图展示了这种效应。

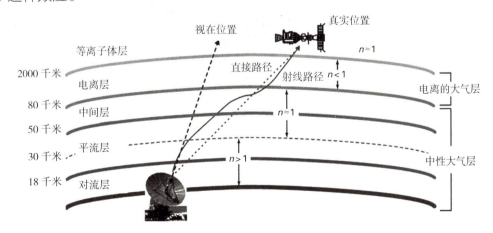

▲ 信号折射对航天器跟踪的影响

 # 空间天气对导航定位系统的影响

空间天气变化对导航定位系统有直接的影响，而电离层的影响最为显著。

▶ 电离层的总电子含量效应

当全球定位系统信号在电离层传播时，信号的传播速度和方向随着接收机与卫星之间视线范围内电子密度的变化而变化。

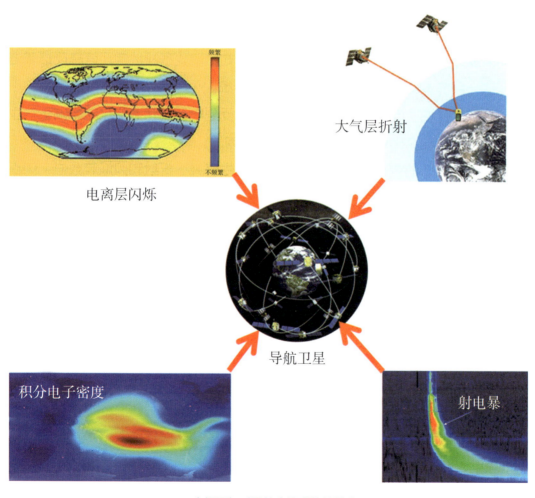

▲ 空间天气对导航定位系统的效应

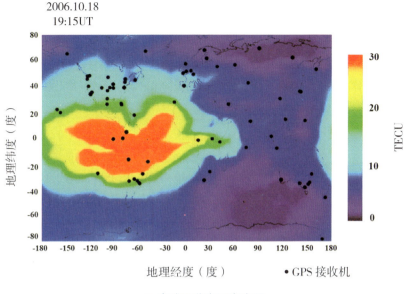

2006.10.18
19:15UT

地理纬度（度）

TECU

地理经度（度） • GPS 接收机

▲ 全球积分电子密度图

电离层对卫星导航测距的影响是高度可变的。在太阳活动较低的时期，未校正的电离层通常会导致垂直（天顶）范围的测量延迟为夜间 1 米到白天的 5～10 米。在太阳活动的高峰期，延迟可能从晚上 1 米到下午 100 米。从导航的角度来看，更重要的是，电离层对距离测量的影响可能会有很大的空间梯度。根据所使用的接收机的类型，梯度可能会导致严重的位置错误。

▶ 电离层折射效应

中性大气和电离层都会对电磁波产生折射，但电离层的这些效应更为明显。当无线电波被传送到电离层时，就会发生折射或波的弯曲。折射是由电波在撞击或进入新介质时速度的突变引起的。发生的折射量取决于三个主要因素:（1）层的电子密度;（2）无线电波的频率;（3）波进入层的角度。折射的结果导致电磁波路径发生变化或延迟。电磁波在电离层中产生的各种延迟，都与其传播路径上的电子总量有关，而电离层中的电子密度随太阳黑子的活动、地理位置的不同、季节的变化及时间（如白天与晚上）的差异而产生变化，且与电磁波传到天线的方位有关。计算分析表明:电离层延迟的影响在天顶方向可达 50 米，在水平方向可达 150 米。

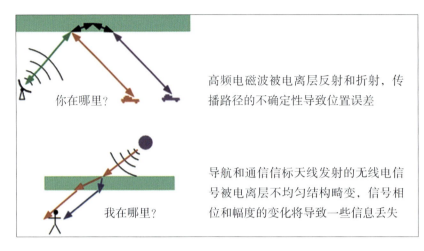

高频电磁波被电离层反射和折射，传播路径的不确定性导致位置误差

导航和通信信标天线发射的无线电信号被电离层不均匀结构畸变，信号相位和幅度的变化将导致一些信息丢失

▲ 由电离层折射产生的定位误差

▶ 太阳射电暴效应

太阳射电暴发始于太阳耀斑，耀斑将高能电子注入太阳上层大气，产生无线电波，然后传播到地球，覆盖广泛频率范围的太阳无线电波就像噪声，会降低导航信号的质量。

太阳射电基本上有三种不同性质的源：宁静太阳射电、太阳缓变射电和太阳射电暴发。它们分别起源于宁静太阳大气、某些局部亮区（局部源）以及像太阳耀斑之类的瞬变扰动。当太阳有强烈的扰动时（如日面上突然出现耀斑暴发），产生的一种强度剧增的太阳射电称为太阳射电暴。这种强的射电辐射将严重干扰导航卫星的信号，甚至会使导航系统短时间内失效。

太阳射电暴的频率从米波（约百兆赫兹）至千米波（约百千兆赫兹），强度可以在短时间内增至背景辐射强度的几千至上万倍。这些高强度信号可以对无线电通信系统产生严重的干扰。

据悉，人类首次发现太阳射电暴发是在第二次世界大战期间（1942 年）。英军雷达受到了强烈干扰，没有探测到从法国穿越英吉利海峡到达德国的两艘德军军舰。当时，英军猜测可能是受到了德军先进设备的干扰，于是请雷达专家调查。十天之后，强烈的干扰再次出现，但德军似乎没有什么大的军事行动。专家发现雷达指向太阳天区时，便会有干扰发生；而且当时，英国格林尼治天文台观测到一个大的太阳黑子群。这说明干扰信号很可能来自太阳。正是这样，

人们无意间发现了太阳射电信号。这一过程明示了太阳射电研究对于人类活动的重要性。战后，便有些军方雷达被转送给天文学家研究太阳射电暴发，特别是在澳大利亚的天文学家们做出了最早期太阳射电方面的一些重要研究。

▶ 空间天气对全球定位系统的影响实例

1 | 2006 年 12 月 5 日，一次太阳耀斑产生了有史以来最强烈的太阳射电暴发。这次太阳射电爆发发生在太阳活动极小期，但产生的无线电噪声是之前记录的 10 倍，这足以使地球向阳面的全球定位系统（GPS）瘫痪。利用康奈尔大学专门设计的接收器作为敏感的空间天气监视器，康奈尔大学的科学家们首次定量地测量了太阳射电暴对 GPS 接收器的影响。根据之前的一次中等

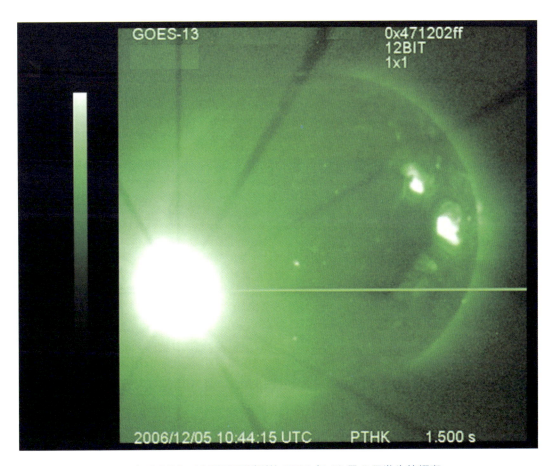

▲ 由 GOES-13 卫星观测到的 2006 年 12 月 5 日发生的耀斑

强度事件推断，预计在太阳活动最严重时，更大的太阳射电暴发会干扰一些用户的 GPS 接收机的运作。美国麻省理工学院天文台的一位博士说，关于太阳射电暴，有三个要点需要特别注意：第一，如果没有对未来空间天气干扰的影响的认识和理解，社会就不能过度依赖技术；第二，12 月 5 日的事件戏剧性地表明，太阳射电暴的影响是全球性和瞬时的；第三，同样重要的是，这次暴发的规模和时间完全出乎意料，是迄今为止探测到的最大一次。

2 │ 2004 年 11 月 8 日，一种快速移动的极光弧造成了电离层的异常现象，影响了 GPS 信号。尽管这一事件只持续了 10 秒，但由于强度的原因，它导致接收器失去了锁。挪威和芬兰的接收站观测到了这一事件。

3 │ 2000 年 7 月 13 日（巴士底日风暴），日冕物质抛射引发了一场持续了 9 个多小时的极强烈的磁暴。有报道称，在得克萨斯州的埃尔帕索，极光的光芒一直在向南。来自这次事件的太阳粒子损坏了卫星和宇宙飞船，甚至在几个小时内降低了 GPS 的准确性。

知识总结

写一写你的收获

▲ 极光现象

磁暴与亚暴

提起地磁场，我们并不陌生，地磁场对地球空间的形成和变化起到关键作用，地球空间的许多性质都与地磁场有关。一般来说，地磁场是相当稳定的，但我们在地球表面或在空间测量的磁场，不完全是固体地球内部产生的，还叠加有各种空间电流系产生的磁场，这样在空间测量到的磁场是不断变化的，或者说地磁场发生了扰动。本章就为大家介绍磁暴、亚暴对军事活动的影响。

变化莫测的地磁场

▶ 什么是地磁场

提起地磁场，许多人都不陌生，因为我们的祖先早在公元前 280 年到公元前 233 年间就发明了指南针，不仅证实了地磁场的存在，而且还用于指示方向。那么，在论述地球空间的书中，我们为什么要介绍地磁场呢？原因很简单，地磁场对地球空间的形成和变化起到关键作用，地球空间的许多性质都与地磁场有关。

地磁场是自然界中广泛存在的磁场的一种。地磁场的主要部分源于地球内部，它穿过 6000 多千米厚的固体地球到达地表，并远远地扩展到太空。这就是说，我们不仅在地球内部、地球表面能探测到地磁场，在距离地球几万千米远的太空，也可以探测到地磁场。

在地球表面测量到的磁场一般是由几个不同的来源所产生的磁场的组合，例如有地球矿物产生的，还有存在于空间的各种电流产生的。但所测量到的磁场的 95% 以上是地球内核产生的，地磁场的这个部

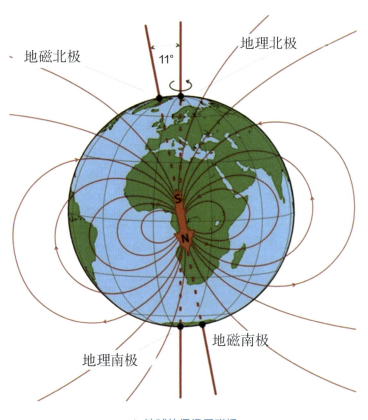

地磁北极　　地理北极　11°

地磁南极　　地理南极

▲ 地球的偶极子磁场

分称为主磁场。主磁场以偶极子场为主，随时间变化缓慢。所谓偶极子场，形状就像等量正负电荷产生的电场那样。偶极子场可以想象为在地心处放一块条形磁铁，这个磁铁产生的场就是偶极子场。

地理南北极与地磁南北极是不重合的。地理南北极是指地球自转轴与地球表面的两个交点，而地磁南北极通常指偶极子轴与地球表面的两个交点。这两条轴线成大约 11° 的角。

观测表明，地球磁极的位置是变化的，从 1550 年到 1980 年这 430 年期间，地磁北极向南移动了 8°，向西移动了 50°。

磁场的单位是特斯拉（T）。由于地球是弱磁场，用这个单位表示地磁场有时不太方便，故常用纳特（nT）表示，$1nT=10^{-9}T$。地球表面最大磁场为 68000 nT，表面最小磁场为 24000 nT。

地磁场不仅有大小，还有方向，因此是一个向量场。描述空间某一点地磁场的强度和方向，需要 3 个独立的地磁要素。在直角坐标系中，这 3 个要素分别是 X、Y 和 Z 分量。但无论从测量的角度，还是实用的角度，直角坐标系的这 3 个分量用起来都很不方便，因此引入了其他 4 个要素。这样，常用的地磁要素有 7 个，即地磁场总强度 F，水平强度 H，垂直强度 Z，X 和 Y 分别为 H 的北向和东向分量，D 和 I 分别为磁偏角和磁倾角。其中以磁偏角的观测历史为最早。

磁倾角是地球表面任一点的地磁场总强度的矢量方向与水平面的夹角。在北（南）半球，倾角为正（负）值。所谓磁极就是指磁倾角值为 90° 的地方；将磁倾角为 0 的地点联结起来，此线称为磁赤道，与地球赤道比较接近。

这 7 个要素只有 3 个是独立的，并且只要知道了这 3 个值，其他要素都可以通过简单的数学公式计算出来。

在研究地球空间时，我们较多地关注地磁场水平强度的变化。

▶ 地磁场是怎样产生的

虽然地磁场显示出的特性像是一根磁棒，但它的源不可能是位于地心的永磁体。因为在地核与地幔的边界，温度大约是 4800℃，远高于居里点（当磁

石加热到一定温度时,原来的磁性就会消失,这个温度叫居里点),即使存在永磁体,其磁性也将消失。另外,人类已经了解到,地磁场的存在已经有几亿年。由于磁场衰减,曾经存在的地磁场将在 15000 年内消失,除非有一种连续产生磁场的机制。

我们在地球表面观测到的地磁场,不光是有地球内部发电机效应产生的磁场,还包括地壳内磁性岩石、固体地球外面各种电流产生的磁场。所以按照场源位置划分,地磁场可以分为内源场和外源场两部分。内源场起源于地表以下的磁性物质和电流,可以进一步分为地核场、地壳场和感应场三部分。地核场形态上以偶极子场为主,它是由地核磁流体发电机过程产生的。地壳场又叫岩石圈场或局部异常场,是由地壳和地壳上面的磁性岩石产生的。地核场和地壳场变化缓慢,有时又合称稳定场。感应场是外部变化磁场在地球内部生成的感应电流的磁场,它与外源变化场一样,具有较快的时间变化性。

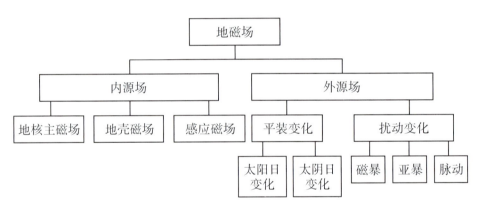

▲ 地磁场的构成

▶ 地核内导电岩浆发电机

对于磁场的产生,已经提出了许多物理机制,但目前普遍认为发电机理论是最为合理的。中学物理课本中提到发电机的原理,那就是导体切割磁力线运动。我们现在来分析运动的导体是什么,原始磁力线是哪儿来的。在地球内部,由于压力太高,核是熔化的,类似黏稠的流体。当流体含有金属时,就是导体。这些导体随地球的自转而运动,这样,具备了导体和运动这两个条件。下面分

▲ 地磁场的计算机模拟图形，蓝色磁力线表示进入地球，黄色表示离开地球

析原始磁场（或种子磁场）从何而来。现在的理论认为，在地磁场第一次形成之前，有以太阳磁场形式存在的磁场。导电流体在这个磁场中做切割磁力线运动，就在其中产生了电流，而电流依次产生磁场。如果磁场和流动图形的关系合适，产生的磁场可增强原始磁场。只要外核有足够的流动，这个过程将连续进行。这样，在地球内部就不断地产生磁场。由此可以看出，一颗行星如果有恒定的、较强的磁场，一定要具备两个条件：一是内部有导电的岩浆，二是行

星以一定的速度不断自旋。如果内部存在岩浆，但自旋过于缓慢，发动机效应也不明显，即行星本身的磁场不强，金星就属于这种情况。由于月球太小，内部的岩浆早已凝固了，因此月球没有内在的磁场，只是有些岩石含有一些磁性。

▶ 什么叫地磁异常

从全球磁场减去主磁场后，就得到由许多大小尺度不等、正负相间的磁场分布区组成的残余磁场部分。这些残余磁场部分主要是由地壳物质的磁性产生的，因此称为地壳磁场，也叫岩石圈磁场。如果把地核主磁场看作正常磁场，这些残余部分则是对正常磁场的偏离，因此又叫异常磁场，或地磁异常。

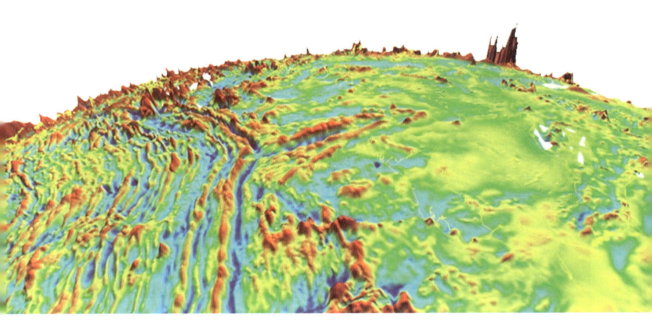

▲ 从大西洋向葡萄牙西北看上去的磁异常，图中左侧条状结构是因海底扩展而产生的磁条带

▶ 变化莫测的外源场

地磁场由内源场和外源场两大部分构成。内源场一般随时间变化缓慢，但外源场却随时间有很大变化。大家知道，磁场是由电流产生的，所谓外源场，就是由固体地球以外的电流系产生的。这些空间电流系非常复杂，而且变化莫

测，因此使得地磁场的变化异常复杂。例如，在距离地球 60 千米以上的高空是电离层，在电离层中存在有规律变化的电流和各种扰动电流；从几千千米的高空到地球的极区，有沿着磁力线流动的电流，称为场向电流，这种电流也是瞬息万变的；在赤道上空，还有环绕地球的巨大环电流；等等。这些电流都受到太阳活动的影响，而太阳什么时间发生爆发性活动，目前人类还没有准确预报的能力。由此可见，地磁场的变化是整个日地系统空间环境变化这部大戏的缩影，这部戏的剧情可以说每天都在变化。

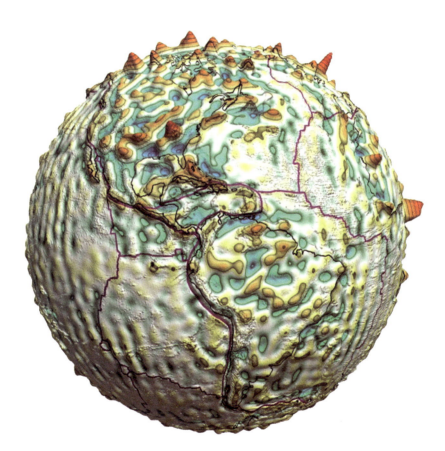

▲ 地壳磁场，由该图可清楚地看到全球地磁异常的情况

磁暴

▶ 什么叫磁暴

我们在前面已经介绍了地磁场。一般来说，地磁场是相当稳定的，随时间的变化非常缓慢。但我们在地球表面或在空间测量的磁场，不完全是固体地球内部产生的，还叠加有各种空间电流系产生的磁场，这样在空间测量到的磁场是不断变化的，或者说地磁场发生了扰动。通常将地磁场发生的各种扰动统称为地磁活动性。

磁暴是全球范围内地磁场的剧烈扰动，扰动持续时间在十几小时到几十小时之间。

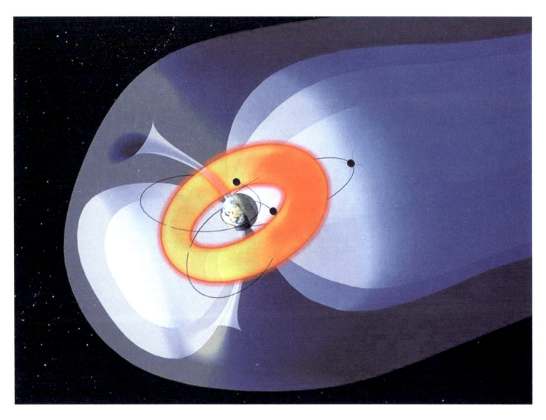

▲ 环电流

从磁暴的名称就可以推测，此时地磁活动非常强烈。什么原因导致磁场发生了如此强烈的变化呢？根据我们前面对地磁场变化的原因分析，一定是空间电流系增强了。那么，到底是哪个空间电流系发生了巨大变化呢？我们可以告诉大家，这个电流叫作环电流。

环电流大体上在地球赤道上空流动，电流的方向从东向西，位于距离地球2~10 个地球半径处的赤道面内。根据中学物理中的右手定则，可以判断这个电流圈的中心产生的磁场是由北向南，与地磁场的水平分量方向相反。由此可以看到，这个电流越大，对地磁场水平分量的影响就越大，或者说将使地磁场水平分量急剧减小。

那么，是什么因素导致这个环电流增大的呢？我们知道，所谓电流就是电荷的定向移动，电流大了，说明单位时间内移动的电荷增多了。我们又可以进一步问，增多的电荷是哪儿来的？

现在我们已经清楚，这些增多的电荷来自太阳风。当撞击地球的太阳风所携带的行星际磁场具有长期（几小时或更长）的南向分量且具有较大的幅度时，将有大量带电粒子注入磁层，在地磁场的作用下，这些带电粒子中的一部分在赤道平面环绕地球移动，使环电流增加，因而使地磁场的水平分量减小。

一个完整的磁暴可分为初相、主相和恢复相三个阶段。磁暴初相常常表现为一个磁场增强的过程，一般认为是太阳风动力压强增大后，压迫地球磁层顶，使得磁层顶电流增强造成的（这是因为磁层顶电流在地面产生的磁场与地磁场同向）。磁暴的初相可以很长，也可以很短，甚至于有些磁暴没有初相。主相是磁暴发展的主要阶段。主相期间，常常伴有剧烈的扰动。引起磁暴期间磁场大幅减小的主要原因来源于环电流的增强。环电流的增强意味着环电流粒子通量的增大以及环电流位置向地球方向的移动。一个磁暴的主相一般为 1 天左右。在磁暴主相阶段，磁层的带电粒子浓度增加到最大值。磁暴的恢复相主要是由于在主相期间增加了的环电流粒子，在与中性成分的碰撞、电荷交换等过程作用下逐渐损失，引起环电流减弱造成的。恢复相通常可以持续很长的时间，例如 1~5 天。

在磁暴主相和恢复相期间经常有磁层亚暴出现。磁暴主相期间环电流内氧离子剧增。氧离子的起源与加速、磁暴与亚暴的关系是磁暴研究的重要内容。

在日常生活中我们知道，暴风、暴雨之类的天气，对人类的生产和生活影

响很大。类似的，磁暴对人类的技术系统也是有很大影响的。暴风和暴雨通常都是局部的，可磁暴是全球性的，因为那个环电流把地球都围起来了，所产生的磁场当然是影响全球了。最重要的是，我们直接看到的只是地磁场的水平分量发生了变化，但所造成的影响却是方方面面的。因为空间天气涉及的介质主要是等离子体，磁场一变化，等离子体的温度、密度以及运动状态统统都要变化；另外，变化的磁场还要产生电场，变化的磁场和电场一股脑都加到等离子体上，整个形态都变了，对卫星的正常运行，导航、定位和通信，都带来巨大影响。这是我们要特别关注的空间天气现象。

▶ 什么是亚暴

亚暴有时也指磁层亚暴或极光亚暴，是地球磁层和高纬电离层夜晚发生的强烈的扰动过程，持续 1～3 小时。在此过程中，巨大的太阳风能量输入磁层，并最终释放到内磁层和极区电离层、热层。

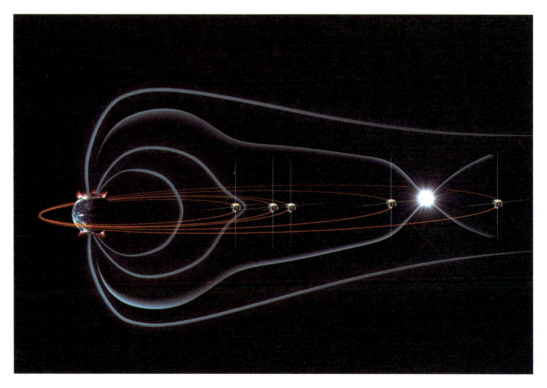

▲ 磁层亚暴

▲ 极光亚暴

　　磁层亚暴是磁层最主要的能量存储、传输和释放过程，也是磁层对行星际扰动最基本的响应方式。磁层亚暴发生频繁，平均一天 4~5 次，每次产生相当于一个中等以上的地震释放的能量。磁层亚暴增强磁层与电离层系统的电流，产生极光，加热极区电离层和热层，同时将高能带电粒子注入环电流和辐射带。磁层亚暴可使地球同步轨道和极轨卫星充电，导致这些卫星操作异常甚至完全失效。

（隐藏）现代**战争**与空间天气

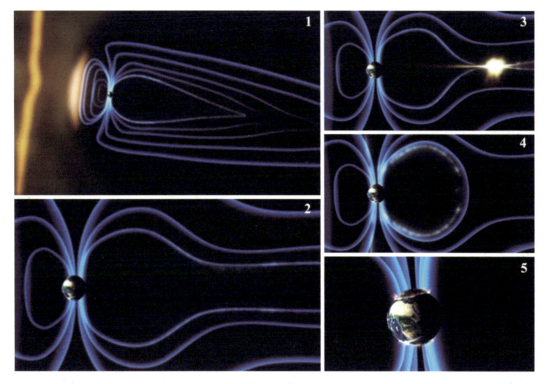

▲ 亚暴发生的过程

1. 表示南向的行星际磁场被太阳风带到地球向阳面磁层顶，行星际磁场具有南向分量，在向阳面磁层顶发生磁重联；
2. 表示发生磁重联后，等离子体往磁尾方向流动，在磁尾，南北两个等离子体瓣受到向中心的压力；
3. 表示在磁尾发生磁重联，图中亮处表示磁中性点；
4. 表示在磁重联后，磁尾等离子体朝地球方向对流，地磁场出现偶极子场的趋势；
5. 表示热等离子体注入极区，产生强的极光。

▶ 磁暴与亚暴对军事活动的影响

　　磁暴和亚暴是非常重要的空间天气现象，可直接影响中高层大气、电离层和磁层的状态，进而影响军事活动。例如，在亚暴期间，有大量高能电子注入地球空间，直接导致地球同步轨道卫星严重的内部充电。磁暴可对中高层大气加热，使中高层大气密度、风速都明显增加，因而影响卫星的轨道和寿命。磁暴往往会触发电离层暴，打乱电离层正常的分层结构，对通信、导航和定位都产生严重的影响。此外还有一些间接的影响，例如使地球表面的电力系统崩溃，看似与军事活动无关，但所有军事活动都离不开电。因此我们可以这样说，磁暴和亚暴使空间天气变坏，使空间环境变得更加恶劣。

1 | 电力系统中断

当磁场在导线等导体附近移动时，导体中会产生一种地磁感应电流。这种情况在磁暴期间发生了巨大的变化（同样的机制也影响了在光纤上的电话和电报线路）。因此，长距离输电线路（长度达数千米）会受到这种影响。

从磁暴中产生的（几乎是直接的）电流对电气传输设备是有害的，特别是变压器诱导核心饱和，限制它们的性能，并导致线圈和堆芯升温。在极端情况下，这种热量可以使其失效或破坏，甚至引发连锁反应，使变压器过载。大多数发电机通过变压器连接到电网，将它们从电网的感应电流中分离出来，使它们更不易受到地磁诱导电流的伤害。然而，受此影响的变压器将对发电机产生不平衡的负载，导致转子加热。

2 | 对通信系统的影响

高频率（3~ 30 兆赫兹）通信系统使用电离层跨越长距离反射远无线电信号。电离层暴会影响到所有纬度的无线电通信。一些频率被吸收，其他的被反射，导致信号快速起伏和意想不到的传播路径。电视和商业广播电台很少受到太阳活动的影响，但地面到空中、船到岸、短波广播和业余无线电（主要是30 兆赫兹以下的波段）经常被中断。使用高频波段的无线电操作员依靠太阳和地磁警报来保持他们的通信线路正常运转。

在高频率范围内运行的军事探测或预警系统也受到太阳活动的影响。超视距雷达反射信号脱离电离层，以监测远距离发射飞机和导弹的情况。在磁暴期间，这个系统会受到无线电干扰的严重阻碍。此外，一些潜艇探测系统使用潜艇的磁信号作为其定位方案的一个输入，磁暴可以掩盖和扭曲这些信号。

3 | 对导航系统的影响

当太阳活动扰乱导航系统的信号传播时，导航系统会受到不利影响。诸如全球定位系统（GPS）、罗兰导航系统和现已不存在的欧米茄等系统都受到了不利影响。欧米茄系统由 8 个发射器组成，分布在世界各地。飞机和船只使用这些发射器的低频信号来确定它们的位置。在太阳活动和磁暴期间，该系统向导航员提供了不准确的信息，误差达数英里。如果导航员已经注意到质子事件或磁暴正在进行中，他们就可以切换到备用系统。

当太阳活动导致电离层的密度突然变化时，GPS 信号会受到影响，导致

GPS 信号闪烁（就像一颗闪烁的恒星）。

一种允许 GPS 接收器在出现一些令人困惑的信号时继续操作的技术是接收机自主完整性监控（RAIM）。然而，RAIM 的假设前提是，大多数 GPS 星座都运行正常，因此当整个星座受到诸如磁暴等全球影响的干扰时，它就没有那么有用了。即使 RAIM 检测到这些情况下的完整性缺失，它也可能无法提供一个有用的、可靠的信号。

4 | 卫星硬件损坏

磁暴和太阳紫外线的增加使地球的高层大气升温、膨胀。加热的空气上升，在 1000 千米以上的卫星轨道的密度显著上升。这导致了阻力的增加，使卫星缓慢地减速并改变轨道。低地球轨道卫星不会被反复提升到更高的轨道，而是慢慢地下降，最终被烧毁。

美国的天空实验室是在 1973 年发射的，预计可运行到 1983 年年底。但由于太阳活动增强，在 1977 年年底开始，大气密度增加，对空间站的阻力增加了 6 倍，轨道衰减比预计的快很多。尽管采取了一些措施，但其还是在 1979 年 7 月 11 日坠毁。

随着技术使航天器组件变得更小，它们的小型化系统变得越来越容易受到更高能的太阳粒子的攻击。这些粒子会对微芯片造成物理伤害，并能改变星载电脑中的软件指令。

卫星运行面临的另一个问题是差别带电。在磁暴期间，电子和离子的数量和能量增加。当卫星在这个充满能量的环境中穿行时，带电粒子撞击航天器，对航天器进行充电。放电可以跨越航天器组件，造成伤害并可能使其失效。当能量粒子，主要是电子，穿透卫星的外壳，并将电荷储存在其内部时，就会出现大量的充电。如果在任何一个部件中积累足够的电荷，它就可能试图向其他部件放电，这对卫星的电子系统有潜在的危险。

5 | 对人类的辐射损害

强烈的太阳耀斑释放出高能粒子，这些粒子会对人类（以及哺乳动物）造成辐射中毒。

地球的大气层和磁层为地面上的人类提供了足够的保护，但是航天员可能会受到致命剂量的辐射。高能量粒子进入活细胞会导致染色体损伤、癌症和其

他健康问题。大剂量可能会立即致命。

能量超过 30 兆伏的太阳质子特别危险。1989 年 10 月，太阳产生了大量的高能粒子，如果航天员当时站在月球上，只穿宇航服，很可能已经死亡。

太阳质子事件也能对高空飞行的飞机产生很高的辐射。通过卫星仪器监测太阳质子事件，可以监测和评估偶尔的暴露，并最终调整飞行路径和高度，以降低机组人员的吸收剂量。

6 ｜ 地磁场对航天器工作状态的影响

直接影响：航天器本身和星载仪器大部分是铁磁性物质，它具有固有磁矩。星载仪器的工作电流回路也相当于一个等效磁矩。在地磁场的作用下，卫星自转轴的方向和姿态参数会发生变化。地磁场作为一种摄动力的来源，也会影响卫星轨道偏离开普勒轨道。当航天器在地磁场中旋转时，会产生感应电流，从而消耗航天器的动能，形成一种阻力。地磁场对航天器产生的磁力矩与它的转动惯量、自旋角速度及磁场强度成正比。这个力矩可以分解为一个自旋衰减力矩和一个旋进力矩，这两个分量使卫星自旋衰减，自旋轴方向发生变化。

间接影响：由于地磁场的存在，电离层和磁层中的等离子体呈现明显的各向异性，使各种物理过程变得极为复杂。在电离层中，磁场在很大程度上决定着电子和离子的分布剖面，决定着电导率的量值和分布；在磁层中，磁场是支配充电粒子运动和等离子体内各种过程的决定因素。辐射带的形成、粒子沉降和场向电流的产生、宇宙线的运动都取决于磁场的空间结构和时间变化。地磁场还是磁层、电离层各种不稳定性和波的激发决定因素之一。磁暴和亚暴期间，剧烈的变化不仅涉及整个磁层、电离层，而且还涉及中性大气。大气温度、密度的变化是影响航天器轨道参数的最重要因素。地磁场对航天器的这些间接影响往往比其直接影响更复杂、更重要。

▲ 位于大气中间层的夜光云

第 6 章

带电粒子
对**航天器**的影响

带电粒子对航天器的影响可以分为航天器充电效应
和单粒子翻转。带电粒子虽小，产生的影响却不
小。弧光放电或火花放电可以直接引起航天器部件
的损坏，在电子部件中产生严重的干扰脉冲；由单
个高能质子或重离子引起的微电子器件状态改变，
则有可能造成航天器控制系统的逻辑混乱，甚至造
成灾难性后果。

航天器充电效应

▶ 表面充电效应

在航天器暴露的外表面上的电荷积累称为航天器表面充电。表面充电包括绝对充电和不等量充电两种类型。如果航天器表面全是金属，整个飞船将充电到相同的电位，这个过程称为绝对充电。绝对充电只是瞬时才能实现，特征周期是毫秒的量级。如果航天器表面使用电介质材料，表面不同部位可能具有不同的电位，这个过程称为不等量充电。不等量充电具有秒到分钟的时间尺度。介电材料是积累电荷的不良分布者，因此将存储在它们中的电荷保持在某一部分。充电粒子通量的变化使得这些表面达到不同的浮动电位。飞船受日照的表面和处于阴影的表面，是不等量充电的典型情况。在两个表面浮动电位差的进一步发展，将引起它们之间电场的发展。不等量充电可能产生强的电场并影响航天器绝对充电的水平。从异常效应的观点来看，不等量充电比绝对充电

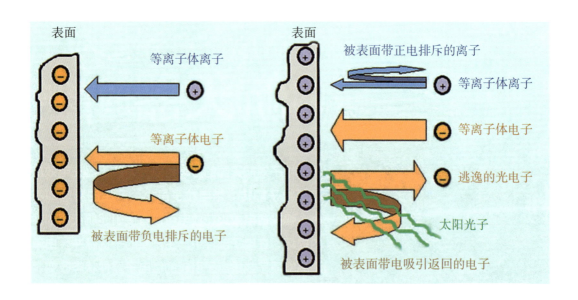

▲ 表面带电
左：表面在阴影中；右：表面在光照下

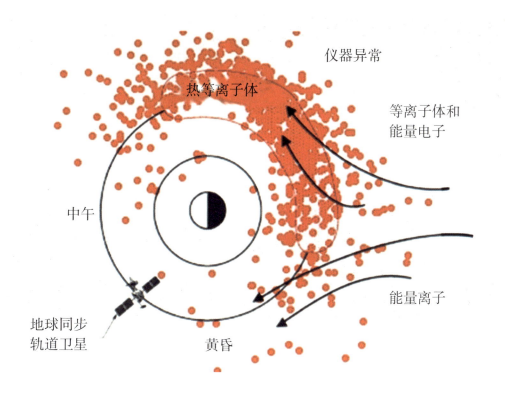

仪器异常

热等离子体

等离子体和
能量电子

中午

能量离子

地球同步
轨道卫星

黄昏

▲ 亚暴期间等离子体注入导致卫星表面充电严重

效应更大，因为它可导致表面弧光放电或航天器不同电位表面之间的静电放电（ESD）。这种弧光放电或火花放电直接引起航天器部件的损坏和在电子部件中产生严重的干扰脉冲。在地球同步轨道，航天器异常基本上是由不等量充电引起的。

在平静空间环境期间，地球同步轨道空间等离子体为高密度冷等离子体（等效温度约 1 eV，密度约 100 个 /cm³），一般卫星表面充电电位不会很高，由表面带电引起的卫星异常发生可能性较小，但在亚暴期间，由于粒子从磁尾的注入，高密度冷等离子体被能量为 1～50 keV 的低密度（1～10 个 /cm³）等离子体云代替，等离子体温度一般会随着地方时和 Ap 指数的变化而变化。这些新注入的高温度电子导致卫星明显地充电，使卫星异常事件增多。

磁层亚暴加热近磁尾等离子体，使强能电子通量急剧增强。电子温度是卫星表面充电电位的重要因素，大量的高温电子撞击到卫星表面，卫星表面电位可增加到负几万伏。如果卫星表面各部分是不等量带电，则不同部件之间的电

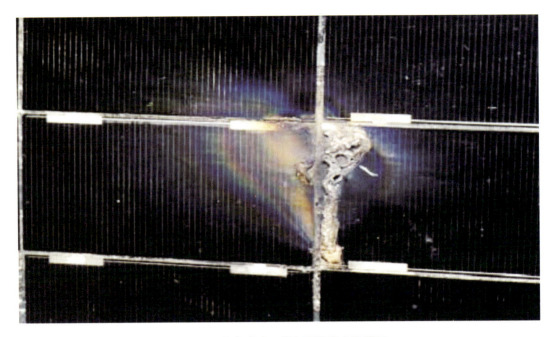

▲ 航天器的电池阵因放电而被击穿的情况

位差可引起放电，导致卫星故障。地球同步轨道卫星的这类故障绝大多数发生在亚暴期间。

▶ 内部充电效应

航天器内部充电是由能量范围为 0.1~10 MeV 的高能电子引起的，它们穿透航天器的屏蔽层，沉积在电介质内。当电荷的积累率高于电荷的泄漏率时，这些电荷产生的电场有可能超过介质的击穿阈值，产生静电放电，从而造成航天器某些部件的损坏，最终导致航天器完全失效，带来严重的经济损失和社会影响。据美国地球物理中心数据库提供的资料，从 1989 年 3 月 7 日至 31 日的 46 例卫星异常，大部分诊断为静电放电。由此可见，高能电子引起的静电放电对卫星构成了严重的威胁。正因如此，高能电子被称为卫星的"杀手"。

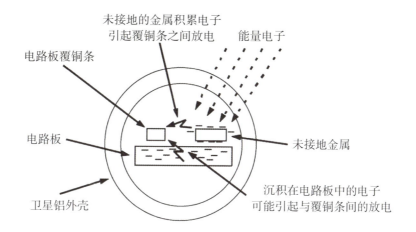

▲ 内部充电的原理

▲ 电介质内放电产生的火花

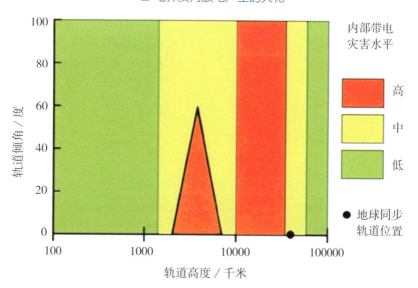

▲ 内部充电程度随高度和倾角的变化，当内部充电达到介质能承受的电压阈值时，会产生放电

▶ 典型的航天器内部充电效应

1 ｜ TELSTAR-401（97 W）：这颗地球静止轨道通信卫星在 1997 年 1 月 11 日失效。在卫星失效之前的 15 天，电子的日平均流量为 $2.1 \times 10^5/cm^2\text{-sr}$。电子日流量峰在失效之前一天（1997 年 1 月 10 日），数值为 $2.0 \times 10^8/cm^2\text{-sr}$。

2 ｜ ANIK-E1（约 110 W）：这颗加拿大通信卫星的太阳能电池的一侧在 1996 年 3 月 26 日失效。日流量峰在 3 月 23 日，即卫星失效的前 3 天，日流量为 $1.2 \times 10^9/cm^2\text{-sr}$。

3 ｜ ANIK-E1 和 ANIK-E2（约 110 W）：1994 年 1 月 20 日，ANIK-E1 的动量轮控制系统失效，大约 1 小时以后，ANIK-E2 卫星相同的子系统也失效。动量轮是卫星高度控制系统的一部分。大约 7 小时后，E1 的备份子系统成功启动，但 E2 的备份子系统没能工作。一直到 1994 年 8 月，ANIK-E2 卫星用改进的高度控制方式才恢复工作，使用的方法是脉冲点火姿态保持推进器。

4 ｜ GALAXY-4（99 W）：1998 年 5 月 19 日，GALAXY-4 卫星失效。在失效前，电子流量增加持续了 14 天。

5 ｜ GOES-8（75.9 W）：1998 年 10 月 27 日，GOES-8 暂时停止工作，原因是高度控制系统出现异常。

单粒子翻转

▶ 什么叫单粒子翻转

随着卫星上用到的集成电路越来越多，集成度越来越高，一个高能带电粒子就可以造成卫星操作异常，这种事件我们叫单粒子事件，就是一个粒子就可以造成的事件。

单粒子事件是由单个的高能质子或重离子引起微电子器件状态改变，造成航天器异常或故障的事件，当控制系统的逻辑混乱时，甚至能造成灾难性后果。单粒子事件又分为单粒子翻转、单粒子锁定、单粒子烧毁和单粒子门击穿等事件。单粒子事件可以发生在各种轨道上，所以单粒子事件效应对各种轨道飞行器都是有危害的，是目前最严重的空间环境效应之一。

下图给出一个最基本的集成电路单元 P-N 结，所有的逻辑线路、所有的储存器都是由这种基本单元构成的。在太空有很高能量的太阳宇宙线和辐射带粒子，如果有个粒子打上去，在 P-N 结的周围就会形成很多电子和离子，电子和离子在 P-N 结电场作用下，会形成一个电脉冲，这个电脉冲进入电路以

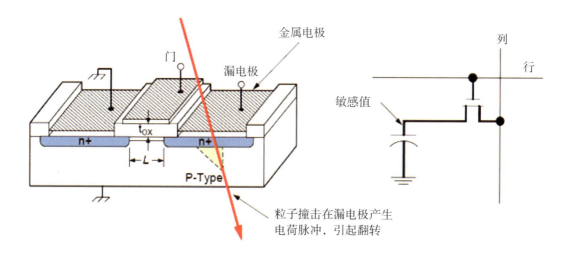

▲ 单粒子引起电路翻转

后，就会造成逻辑状态的翻转，就是说，如果储存器里面原来存着 0，那么由于高能粒子通过，所造成的影响是它变成 1 了，或者 1 就变成了 0 了。可想而知，如果仅仅是数据上一个错，问题不大，如果是在控制系统里面，0 变成 1 或者 1 变成 0 的话，那整个控制逻辑就完全紊乱了，可能导致卫星操作异常，甚至失效。

▶ 单粒子翻转对航天器的影响

我国在 1994 年发射了"实践"四号卫星，主要目的是探测空间的带电粒子，包括高能和低能带电粒子对航天器的影响。卫星的近地点是 200 千米，远地点达到 36000 千米，穿过了地球内辐射带并到达了外辐射带，空间粒子环境比较恶劣。"实践"四号卫星观测到了大量单粒子事件，在运行过程快到一个月的时候，还观测到单粒子锁定事件，通过地面遥控指令才解除了单粒子锁定事件，使仪器恢复了正常工作。

我国于 1990 年发射了"风云"一号卫星，其轨道高度为 800 多千米，要穿越地球的内辐射带，内辐射带粒子强度非常高，有高能粒子。这颗卫星是 1990 年 9 月 3 日发射的，11 月 13 日发生了第一次故障，计算机运行的程序发生了翻转，当高能粒子打在计算机芯片上以后，原来的状态发生了变化，0 变成了 1，1 变成了 0，程序混乱了。姿态控制计算机是控制卫星姿态的，它是三轴稳定对地定向的卫星，太阳电池要对着太阳，要照地球的云图，由于计算机程序紊乱，仪器抓不着地球，就要纠正它的姿态。好在这次事件发生以后人们很快纠正了计算机的程序，卫星的运行就正常了。糟糕的是，在 1991 年 2 月 14 日，卫星的计算机再一次出现单粒子事件，卫星姿态再次出现异常，而这次故障未能及时发现。当发现卫星姿态异常时，卫星上携带的气体已喷完，姿态已无法控制了，没法拍到云图。本来卫星按设计的寿命是要运行一年，但是不到半年卫星的寿命就结束了。这是我们国家有史以来由于空间天气造成的一个非常深刻的教训。从那以后，航天工程技术人员就特别重视空间环境的影响，特别是对高能粒子的防护下了很大的功夫，以后研制的"风云"卫星在空间运行得很好，运行三年乃至四年多都没有问题。

从 1988 年 9 月到 1992 年 5 月，美国 UoSAT-2 卫星监测到约 9000 个单粒子翻转事件，这些事件的主体（75%）发生在南大西洋异常区（SAA）。发生在高纬的事件源于银河宇宙线和太阳质子事件。

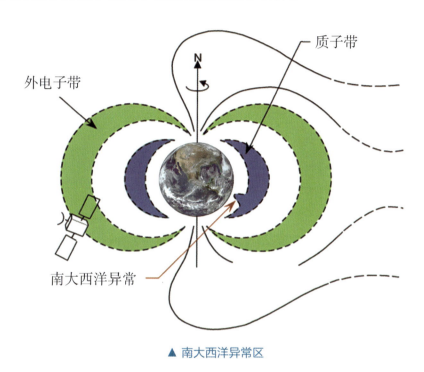

质子带

外电子带

N

南大西洋异常

▲ 南大西洋异常区

⭐ 知识总结

写一写你的收获

第 7 章

人工影响空间天气

人们通过高空核爆炸来确定核武器作为反弹道导弹防御系统的可行性，以及击毁卫星和载人轨道飞行器的可能性，高空核爆炸带来了电离层状态的改变。本章重点介绍了通过人工方法改变电离层参数的途径，介绍了电磁相容性与电磁干扰的相关知识。

高空核爆炸

▶ 历史上的高空核爆炸

在 1958 年至 1962 年期间，美国和苏联进行了 21 次高空核试验，其中美国 14 次，苏联 7 次。爆炸发生在距离地球表面 30 千米以上，最高到 540 千米。这些试验的目的是确定核武器作为反导弹防御手段的可行性，以及作为攻击卫星和载人空间站手段的可能性。

高空核爆炸的外观形式与大气层中的核爆炸有所不同。大气层中的核爆炸外观是蘑菇云，而高空核爆炸往往显示为球形的云。高空核爆炸威力非常大，大到可以扭曲地球的磁场。爆炸发生的那一瞬间，带电粒子可以跨越半个地球，也会引发极光。这些爆炸被人描绘为"彩虹炸弹"。高空核爆炸的视觉效果比大气层试验可能持续更长的时间，圆形火球有时停留在太空达 30 分钟以上。

1958 年 4 月，美国在太平洋约翰斯顿环礁的庄士敦岛执行"硬饼干"行动，开始"柚木"和"橙色"核弹实验，当量都是 380 万吨。最初，核弹头由"红石"火箭搭载，后来多由"雷神"导弹，以及洛克希德公司改进的"X-17"导弹搭载。1958 年 8 月 27 日起，美国在南大西洋阿古斯岛执行"百眼巨人"行动。1958 年 9 月 6 日，"阿古斯 -3"核弹在南大西洋阿古斯岛上空爆炸。这是世界上最高高空核爆炸，高度达到 540 千米。

1962 年 7 月 9 日，美国在太平洋约翰斯顿环礁多米尼克岛执行"鱼缸"行动。一架"KC-135"运输机穿过厚厚的云层发射了"海星 -2"核弹。3 分钟后，"海星 -2"核弹在 400 千米的太空爆炸，攻击范围直径 1300 千米。"海星 -2"核试验达到 140 万吨 TNT 当量。7 颗卫星随之降低了轨道，甚至迷失了方向。

苏联在 1961 年和 1962 年分别进行了 4 次和 3 次高空试验。1962 年 10 月古巴导弹危机期间，美国和苏联都以武力恫吓的形式引爆了数次高空核爆炸。

▲ 高空核爆炸

1962 年 10 月 22 日，在苏联 K 核试验项目中，一枚 30 万吨当量的导弹弹头在 290 千米高处爆炸，产生了非常严重的后果。电磁脉冲将 570 千米的架空电话线与 2500 安培的测量电流熔接在一起，引发了一场大火，烧毁了卡拉干达发电厂。

▶ 高空核爆炸效应

1962 年，美国"鱼缸"行动中的"海星 –1"核弹在距离爆炸点约 1445 千米的夏威夷造成了电力破坏，摧毁了约 300 盏路灯，引发了无数的防盗报警器，还损坏了一家电话公司的微波线路。电磁脉冲对微波线路的破坏导致从考艾岛到夏威夷群岛的电话中断。

当一些高能粒子跟随地球磁场照亮天空时，其他高能电子被捕获并在地球周围形成辐射带。在随后的几个月里，这些人造辐射带最终导致 6 颗或更多的卫星失效，因为辐射损坏了它们的太阳能阵列或电子设备，包括第一颗商业中继通信卫星 Telstar，以及英国第一颗卫星 Ariel 1。

在进行高空核试验时，美国意外发现了高强度电磁脉冲对电子设备的独特破坏力。这是美国自己也没有想到的，也是意外收获。武器专家设想：如果制造一种电磁脉冲炸弹，就可以穿透地下防御工事，沿着电缆与孔道，足以瘫痪所有的地下防御工事、电力供应、电话通信、电视传播，以及互联网、计算机等系统，但不会伤害生命。

电离层人工变态

▶ 电离层人工变态方法

所谓电离层人工变态，就是通过人工方法，改变电离层参数，从而达到局部影响空间技术系统性能的目的。常用的方法有：

1 | 化学释放法。火箭发射所排出的废气会造成电离层空洞，释放化学物质产生人造电离层，这些都属于化学释放法。美国天空实验室发射时，发现了与火箭排气有关的电离层电子密度耗空，出现空洞现象，后来发现航天飞机发动机排出的废气也产生电离层空洞。我国的 DF-5 火箭发射也发现有类似的现象。

2 | 用高能电子或离子束局部改变电离层特性。

3 | 利用地面上人工产生的甚低频波辐射去激励磁层等离子体的不稳定性，形成磁流体辐射，引起粒子沉降。

4 | 利用人工核爆炸。最典型的例子是一个代号"星鱼"的在电离层上方的高空核爆炸实验，它不仅使空间辐射强度明显增加，造成地球辐射带的大尺度变化，而且发现这类增加持续了数年才衰变下去。低空核爆炸也会明显地影响到电离层，使其产生变化剧烈的不均匀性。

5 | 利用地面大功率无线电波照射电离层，习惯上称为加热实验，实际上并不只是改变电子温度。通常利用高频无线电波改变电离层特性，产生多种多样的非线性效应。

▶ 电离层变态效应的可能应用

发展一种有效的、可靠的、坚不可摧的防御系统，在很大程度上取决于我们对各种扰动条件下的大气和电离层特性的预报能力。大气和电离层的某些状态，可以有效地用于现代军事电子对抗，对它们的有关过程的理解也是战略防

御系统早期设计的基础。

美国高频主动式极光研究项目是由美国空军、美国海军、国防高等研究计划署及阿拉斯加大学所共同合作的电离层研究计划。虽然美国政府始终强调它的用途只限于纯粹的科学研究，但仍然有许多个人、团体组织乃至于其他国家的政府单位持怀疑的态度，认为美国进行该研究背后有隐藏的动机，该项目可能是为了进行气象战而进行的研究。

▲ 美国高频主动式极光研究项目研究站

▲ 高频主动式极光研究站内的天线

电磁相容性与电磁干扰

电磁相容性（EMC）是设备和系统在预期的环境中的一种能力，这些设备和系统对其他系统没有不利的影响，或者没有受到其他设备、系统或电磁环境的有害影响，各设备和系统可同时工作。当系统或设备干扰了其他系统或设备时，即发生了电磁不相容性。电磁干扰（EMI）是由"肇事者"产生的并由敏感的接收器或"受害者"检测到。由"肇事者"的发射干扰了"受害者"的正常操作，在严重的情况下，可对受影响的一方产生危害。电磁干扰是由不希望的电磁场引起的。飞船上的电子系统在设计时如果不能减小由空间电磁环境或由其他同时操作的电子部件引起的电磁干扰，就不能正常工作或失效。

电磁干扰的另一种源是闪电。闪电有两种效应，即直接效应和间接效应。直接效应是燃烧、侵蚀、爆炸和结构畸变。间接效应指由附近闪电造成电子设备的损害或不能正常工作。这些效应包括触发一个电路的开关、计算机翻转以及电子设备输入输出电路的物理损害。

▶ 电磁干扰对空间活动影响的实例

1 │"土星"运载火箭发射时组合信号的干扰

"土星"运载火箭在发射台上测试时，范围安全接收机检测到一个外部信号。这些接收机开始处理发动机关断、准备起飞和一旦发生事故进行自毁的指令。后经仔细研究确定了产生这个外来信号的原因。非常接近范围安全接收机频率的虚假信号是由几个遥测发射机的频率组合再与一个火箭追踪应答器信号组合产生的。

2 │探照灯对"土星"运载火箭发射产生的干涉

"土星"火箭在一次发射时，范围安全接收机检测到一个来自发射场附近的干扰信号，但这个信号并不总是存在。对可能的信号混合都研究过了，它们没有产生虚假信号。工作人员忙活一夜也没查清原因。一个工作人员走出房间，

发现已经黎明，照射火箭的探照灯已经关掉。他建议再开探照灯，结果，那个干扰信号又重复出现了。进一步研究揭示，探照灯是碳弧灯，它产生宽带无线电信号，灯的反射器将灯光聚集成束直接照到火箭的范围安全接收机天线。这个干扰信号就来自这个宽带无线电信号。

3 | 真空清洁器事故

在美国的天空实验室发射期间，工作人员决定用中面板的真空清洁器代替实验室中使用的。接通这种清洁器后，遥感获得单元关断。调查发现，在飞行前，这种清洁器没有经电磁相容性测试，也没有在实验室中使用。

4 | 伽马射线观测站（GRO）发射机应答器问题

1991 年 4 月 7 日发射的伽马射线观测站遇到发射机应答器锁定问题，阻止飞船接收指令信号。来自地面的电磁干扰连同设计的问题是造成锁定的原因。卫星在 1991 年 6 月失去通信 13 小时，8 月失去通信 13.5 小时，两次都是由于应答器锁定。

5 | NOAA-11 的伪指令

NOAA-11 是一颗气象卫星，1988 年 9 月 24 日发射。在 1991 年 9 月，观测到一系列伪指令，最后确认是甚高频环境噪声引起的电磁干扰造成的。

6 | 甚高频环境对 NOAA-12 的影响

1991 年 9 月，NOAA-12 飞越欧洲时遇到伪指令。控制人员确定，这些指令是由于卫星对欧洲严重的商业甚高频环境敏感产生的。这些伪指令被地面控制系统消除了，没有造成严重后果。

7 | "极紫外探索者"数据损失

"极紫外探索者"是 1992 年 6 月 7 日发射的，在同年的 10 月和 11 月，电磁干扰引起卫星发送到地面的数据损失。

8 | 地面干扰器对 GPS 信号的干扰

伊拉克战争中，伊拉克人使用香烟盒大小的 GPS 干扰机，一度对美军的 GPS 信号产生干扰。

▲ GPS 干扰器

▶ 电磁干扰对飞机影响的实例

1 美国航空母舰上的大爆炸

1967 年，美国海军一架喷气式战斗机在"佛瑞斯特级"航空母舰上着陆时，接收到一个投放弹药的伪指令，撞击到甲板上全副武装和充满燃料的战斗机，引起大爆炸，死亡 134 人，航空母舰和炸弹也遭到严重损坏。这个事故是由于着陆飞机受到舰载雷达波束的照射，引起电磁干扰，发送一个不希望的信号到战斗系统。

2 遥控驾驶仪引起的灾难

1987 年 1 月，美国在"艾奥瓦级"战列舰的测试飞行中试验遥控驾驶仪。使用便携式遥控箱的导驶员的遥控箱和由学生导驶员使用的另一个遥控箱间经历了一系列非指令控制传递。这些非指令信号引起飞行失控和着陆时坠毁。研究发现，遥控箱接收了来自"艾奥瓦级"战列舰高频通信发射天线的电磁干扰。

▲ "佛瑞斯特"级航空母舰

▲ "艾奥瓦级"战列舰

▲ F-117A 战斗机

3 ｜ F-117A 目标锁定

在 F-117A 战斗机处于发展阶段时，目标锁定系统曾发生电磁干扰问题，原因是屏蔽技术不佳，硬件设计落后。后经重新设计，这个问题得以解决。

4 ｜ F-16 战斗机在无线电发射机附近坠毁

一架 F-16 喷气战斗机在"美国之音"无线电发射机附近坠毁，原因是飞机的可遥控自动驾驶系统对高频无线电发射灵敏。

5 ｜ 小型飞机突然熄火

一架小型飞机在"美国之音"发射机附近飞行时，两个发动机突然失效。飞行员采取紧急措施，并成功地无动力着陆。经研究确定，点火系统失败是由于极强的电磁干扰。从此以后，小型飞机装配了点火系统防止高频发射装置的干扰。

6 ｜ 波音 747 自动方向寻找系统天线对接收机的干扰

在波音 747 测试期间，通信接收机不令人满意，而自动方向寻找系统已投入使用。研究表明，问题是线—线间的耦合因为系统天线与其他线没有分开足够的距离。

▲ F-16 战斗机

7 | 雷达引起的军火库灾难

1984年5月，苏联的一个军火库爆炸。事故的原因是超水平线雷达波束照射了军火库。

8 | F-111坠毁

1986年，在美国空军袭击利比亚时，几个导弹没有击中设计的目标，而且参加袭击的F-111战斗机坠毁。美国空军认为，这次事故是由于美国飞机发射信号的相互干扰引起的。

▲ F-111战斗机

知识总结

写一写你的收获

▼ GOLD 卫星

第 8 章

减轻空间天气灾害
的措施

现代社会，空间天气与人类生活的关系越来越
密切，灾害性空间天气往往对人类的通信、导
航等造成巨大的损失，因此人们已经着手相关
研究工作，通过探测、建模等对灾害性空间天
气进行提前预报，以尽量减少损失。

基本措施

▶ 探测

利用卫星和地基设备，对空间天气要素进行就位和遥感测量。主要探测太阳表面活动及其在行星际空间传播和演化过程、地球空间环境对太阳活动和行星际扰动相应过程，以及灾害性空间天气对空间和地面技术系统的效应。空间天气探测为空间天气预报、空间天气效应分析和理论研究提供数据，是发展空间天气学的基础。

所谓地基探测，就是利用各种地基设备，对空间天气进行探测。地基探测具有许多优势，如设备的体积和重量不受限制，这样就可以在不显著增加成本的前提下，提高仪器的可靠性和探测精度；能长期、连续地运行，可以获得对某些参数长期和连续的观测记录，有利于研究一些空间天气参数的变化规律；探测设备可以沿着经度和纬度排列，有利于研究空间天气参数随时间和空间的变化。

地基探测主要包括地磁场观测、电离层观测、中高层大气观测和太阳观测。

地磁场观测已经有悠久的历史，积累了大量的资料，主要设备是各种磁强计。

电离层观测设备主要有雷达、电离层测高仪、GPS 总电子含量观测设备和宇宙噪声接收机等。

中高层大气观测设备有各种非相干散射雷达、激光雷达、中高频雷达以及光学干涉仪等。

太阳观测的主要设备有光学望远镜、射电望远镜和太阳磁象仪等。

在我国，已经初步建成的"子午工程"，将极大地提高我国地基空间天气观测的水平。

东半球空间环境地基综合监测子午链，简称"子午工程"。"子午工程"是由中国科学院牵头，教育部、工业和信息化部、中国地震局、国家海洋局、中

▲ 地面观测与研究电离层的设施

国气象局、总参气象水文局等共 7 个部委的相关单位参加，对沿东半球 120°E 子午线附近，利用北起漠河，经北京、武汉，南至海南并延伸到南极中山站，以及东起上海，经武汉、成都，西至拉萨的沿北纬 30°N 附近共 15 个综合性观测台站，建成一个以链为主、链网结合的，运用无线电、地磁、光学和探空火箭等多种探测手段，连续监测地球表面 20 千米以上到几百千米的中高层大气、电离层和磁层，以及十几个地球半径以外的行星际空间环境中的地磁场、电场，中高层大气的风场、密度、温度和成分，电离层、磁层和行星际空间中的有关参数，联合运作的大型空间环境地基监测系统。

Arecibo　　　　　　　　Jicamarca

Tromsø　　Millstone Hill　　　　Kharkiv

Svalbard　　　　　　　　Poker Flat

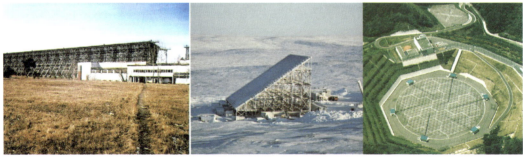

Irkutsk　　　　　Resolute Bay　　　　MU

▲ 用于探测电离层的地面雷达

▶ 卫星探测

与地基探测相比，卫星探测的优势是不受大气层的影响、可以获得一些空间天气参数的三维分布、不受地面气象条件的影响。

目前，国内外发射了许多空间天气探测卫星，今后，还将陆续发射新的卫星。下图给出国际上正在运行和将要发射的空间天气探测卫星分布。其中有扩展任务卫星（浅蓝色）、基本任务卫星（浅绿色）、在研项目卫星（黄色）。

2018 年发射的 3 颗卫星引人注目。全球尺度观测地球的临边和盘（GOLD）和电离层连接探索者（ICON）合作研究地球的电离层，太阳探测器（Solar Probe）则在近处观测太阳。

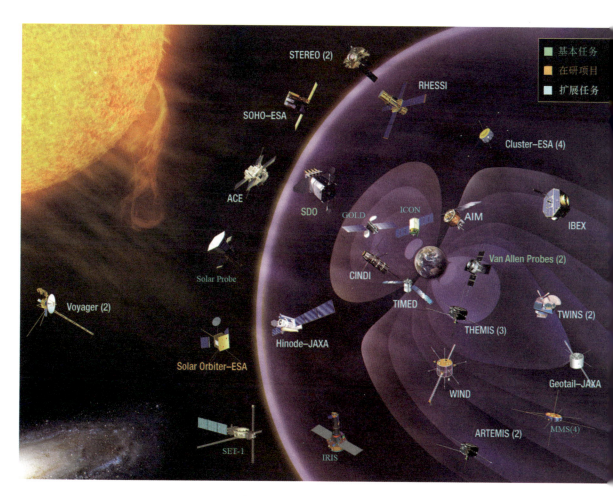

▲ 空间天气探测卫星

▲ ICON 卫星

▲ 太阳探测器

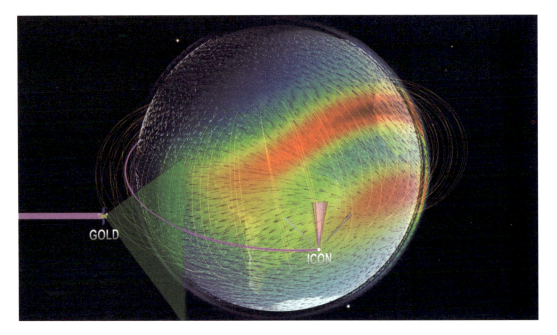

▲ GOLD 与 ICON 联合探索电离层

▶ 建模

所谓建模，就是利用相对少量的观测作为输入，根据一定的理论模型，获得感兴趣区域的中性粒子、带电粒子和电磁场的整体图像以及预测对技术系统可能产生的效应。

空间天气所涉及的空间区域是无比巨大的，无论是实地探测，还是遥感方法，都不可能覆盖所有的空间天气范围。对于已经探测的区域，往往也只有某一特定时间间隔内的数据。而空间天气的状态是随时间、太阳活动和地磁活动高度变化的。因此，没有高质量的空间天气模式，就不能从整体上掌握空间天气变化的规律，更谈不上预报。

空间天气建模的基础是研究与观测，为了提高空间天气建模的水平，必须深入研究所关注问题的物理机制，尽可能多地获得关键区域的探测数据。

空间天气的模式很多，概括起来，有以下主要类型：

经验模式——以统计数据为基础的空间分布。这类模式数量大，涉及的问题可大可小，应用比较广泛。但对同类问题，由于获得数据的方法不同、数据量不同以及所采用公式不同，因此，不同的模式往往会给出不同的结果。

物理模式——以理论分析为基础的空间分布。这类模式以物理规律为依据，以一定的观测数据为基础，一般都能够描述或解释一定的物理现象。但是，由于获得观测数据手段的不同和数据量的限制，对同一问题往往有不同的模式，典型的例子是亚暴膨胀相触发模式。

静态模式——给出空间分布的平均状态。这些模式虽然不能反映空间天气的实际情况，不能用于预报，但可以方便地了解空间天气的平均背景，如国际电离层参考模式。

动态模式——空间天气状态是不断变化的，所谓动态模式，就是能及时地反映变化的状态。由于许多区域的空间天气受太阳活动的直接影响，因此，目前比较成熟的动态模式，一般都以实时或接近实时的太阳风观测数据作为输入条件，当这些条件变化时，空间天气状态随之而变。

研究级模式——具有预报功能，但尚不能在预报中实际应用的模式。

业务级模式——能在实际预报中使用的模式。

效应模式——描述空间天气与航天器以及其他技术系统相互作用产生的效应。这些效应与空间天气条件和航天器特性（如轨道、材料、屏蔽方法和厚度）有关。

▶ 预报

提起空间天气预报，人们自然联想到日常生活中的气象预报。每当中央广播电视总台的《新闻联播》过后，都要播送当前晚上及第二天的温度、风力、降雨（雪）和阴晴等信息，这些信息是日常气象预报的主要内容，不论是对生产、生活和军事活动，还是对老百姓的居家旅游，都是必要的。空间天气预报比起气象预报来要复杂得多，因为日常的天气预报仅涉及对流层范围内的中性大气的状态，而空间天气涉及的空间区域从地球表面几十千米一直到太阳表面这一广阔的区域，研究的对象不仅包括中性大气，还包括等离子体、电磁辐射和粒子辐射，不仅涉及空间天气本身的变化，还要关心空间天气的各种效应。从目前国内外对空间天气研究的情况看，空间天气预报的主要内容包括以下内容：

1｜太阳活动预报。是对未来某一时段内太阳活动水平和太阳活动事件及其变化的预测和报告。太阳活动水平预报，是对太阳活动指标如太阳黑子数及其变化的预报；而太阳活动事件预报，则是对未来太阳活动事件，如太阳耀斑出现的时间、日面位置及强度作预报。太阳活动预报，对空间天气预报有着导向性的作用，是空间天气预报的核心与先头部分。

2｜磁暴预报。包括磁暴现报、磁暴警报和磁暴短期预报。磁暴现报是指当发生磁暴并被发现时，预报部门在很短的时间内迅速报道磁暴发生的情况（包括磁暴开始的时间、产生磁暴的原因、目前磁暴的强度和磁暴发展的趋势）。磁暴现报是有意义的，因为磁暴从开始到结束的时间通常为 1~3 天，有些磁暴的时间会超过 3 天，因此，当刚刚发现磁暴时就进行磁暴现报是有价值的。距离地球 150 万千米的卫星（以下简称 L1 点）观测到可引起地磁暴的太阳风结构时，该结构从 L1 点传到磁层还需几十分钟的时间，因此，利用 L1 点的太阳风观测可进行磁暴警报。目前主要依据 L1 点的太阳风的磁场南向分量的大小和持续时间，以及太阳风电场进行磁暴警报。当在太阳上观测到有朝向地球的日冕物质抛射（CME）发生时，该 CME 从太阳传到地球所需的时间为 1~4 天，因此，可以依据对太阳的观测进行提前 1~4 天的地磁活动预报。此外，利用对太阳冕洞的观测也可以进行地磁活动预报。当冕洞位于日面中心赤道附近时，其发出的高速太阳风直接流向地球，可造成地磁暴。从日面中心发出的高速太阳风传到地球需 2~3 天。我们把依据太阳的观测，进行提前 1~4 天的地磁预报称为磁暴短期预报。磁暴短期预报需要考虑的最主要的因素是 CME 的位置、速度和方向，冕洞发出的太阳风的速度，冕洞的大小以及冕洞高速流太阳风磁场的特征等。

3｜电离层扰动预报。电离层的扰动现象包括突然电离层骚扰、极盖吸收、电离层暴、电离层闪烁、电离层干扰等。

4｜中高层大气环境预报。对流层顶以上的大气层总称为中高层大气，它包括平流层、中间层和热层大气。该区域大气属性不但受对流层大气环流的影响，而且也随太阳活动表现出不同的特性，发生在其中的复杂物理过程和化学过程时至今日也不是很清楚，依然是空间物理学家和大气物理学家研究的热点和难点。然而随着现代科学技术的发展，对该区域的预报已经成为现实需求的

▲ 我国的北斗卫星导航系统

重点发展方向。航天飞机、卫星、火箭等各种航天器在发射过程中都会经过中高层大气，甚至有些航天设备直接在其中飞行。这就使得各种航天器在发射、升空和运行的各个阶段都与中高层大气的物理特性有着密切的关系。空间事业的发展实践迫切需要提供中高层大气环境预报。

　　5｜高能电子暴预报。高能电子暴是指辐射带中能量高于数百 keV 到数 MeV 的电子通量突增事件。高能电子暴可分为突发型和滞后型两类。突发型电子暴的特征为磁暴急始后辐射带高能电子通量突然增强 2 个数量级以上。大多数高能电子暴是滞后型的，在磁暴开始 1～3 天后在外辐射带范围内，相对论电子强度逐步增强 1～2 个数量级，维持数天乃至 1～2 个星期。相对论电子事件（高能电子暴）是非常重要的空间天气现象，它对航天器的危害主要是引起内部带电。

当前重点关注的问题

▶ 确保军事通信畅通

军事通信在现代战争中起关键作用，这不仅是通信本身问题，与导航、定位、军事侦察、指挥控制以及导弹预警等许多重要的军事活动都有密切的关系。影响军事通信安全的直接原因是电离层的急剧变化，这种变化导致通信受到干扰甚至中断。而电离层状态的突然变化又与太阳爆发有直接关系，另外，也与磁层的变化有关，如磁暴和磁层亚暴。因此，确保军事通信畅通的关键措施是对电离层状态以及影响电离层的相关因素进行实时的全方位监测，并根据模式

▼ 观测太阳爆发性活动

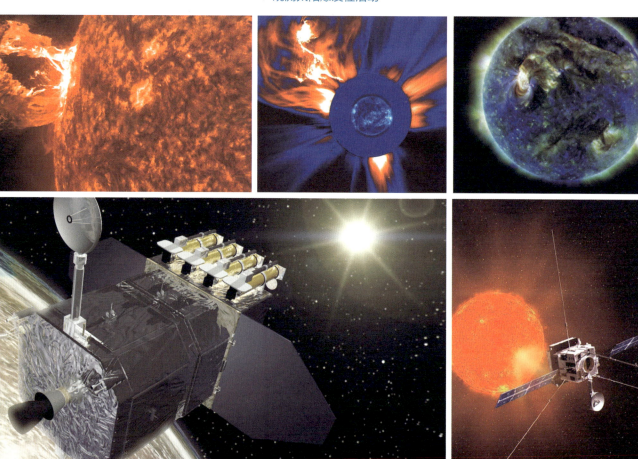

▲ 信息战

对电离层状态进行预报。

地球空间的状态是复杂的,既受太阳活动的影响,内部各层次之间也存在相互作用。而对地球空间状态的监测,也是我国空间探测的短板,目前还没有专门的在轨卫星。

▶ 在轨军用卫星安全

如果在轨军事卫星的安全得不到保障,打赢现代战争就是一句空话。影响军事卫星安全的空间天气效应包括高层大气引起的卫星轨道衰减、卫星表面充放电、卫星内部充放电、单粒子事件以及空间碎片撞击等。未来确保在轨卫星安全,需要对相关空间天气要素进行预报。另外,要根据军事卫星的轨道,从空间天气的角度,提出卫星设计规范和要求,使卫星增强对灾害性空间天气的适应能力。

▶ 加强对太阳爆发性活动的监测和预报

大尺度空间天气变化的源是太阳活动，包括日冕物质抛射、耀斑、太阳质子事件、太阳射电暴发以及太阳黑子周期变化。太阳的各种活动都直接影响地球空间环境的变化，没有对太阳活动的监测和预报，预报地球空间的天气状态就成了空中楼阁。

▶ 新战争形态对空间天气保障提出要求

现代战争正在跨入第四维（太空）和第五维（网络电磁空间），这是不争的事实。我们应该根据这个特点，积极开展新战争形态对空间天气保障要求的相关研究。

▶ 太空态势感知

⭐ 知识总结

写一写你的收获